U0067216

幼兒自然科學概念與思維

周淑惠　著

作者簡介

周淑惠

學歷：美國麻州大學教育博士（主修幼兒教育）

美國麻州大學教育碩士

國立政治大學法學碩士（公共行政）

經歷：美國北科羅拉多大學訪問教授

美國內布拉斯加大學訪問教授

美國麻州大學訪問教授

澳門大學客座教授

國立新竹師範學院幼兒教育系／所主任

國立新竹師範學院幼兒教育中心主任

美國麻州大學教育學院幼兒教育組行政助教、研究助理

美國麻州諾城 The Children's House 幼兒教師

美國麻州安城 Wildwood Elementary School 雙語輔導教師

美國麻州安城 Pioneer Senior Center 心理諮詢員

行政院農業發展委員會薦任科員

大專兼任教師

高中英文教師

考試：公務人員高等考試普通行政組及格

現任：國立新竹教育大學幼兒教育學系／所教授

序　言

　　孩子是天真可愛的，孩子的一言一語常令我們莞爾一笑，孩子的小腦袋瓜更是裝滿了古靈精怪的想法，我完全深信孩子是小小思想家、小小科學家。從事幼教工作多年來，我一直想深入幼兒腦中一探究竟，我相信唯有了解小朋友腦袋裡裝了些什麼，才可能與這些小人兒有良好的互動，為他們搭構學習的鷹架，以發展潛能。一直令我不解的是，我國幼稚園教師學程與師範校院幼教系課程中明列有「幼兒自然科學與數概念」一科，在自然科學概念部分，卻很難找到幼兒階段的相關研究可以參照，尤其是在國內，大部分的自然科學概念研究都是針對國小以上學童。在這樣的因素下，促成了本研究，並完成此書以分享研究發現。

　　此書得以出版，首先要感謝國科會經費補助，讓研究順利進行（註：本書是國科會專題研究計畫——NSC90-2511-S-134-001-X3 之部分研究成果加以擴增補充而成，並經國科會核准出版在案）。其次要感謝我的研究助理們——竹師幼兒教育研究所采燕、百玲、旭萍、春鳳、純德，感謝他們擔任臨床訪談工作，完成六十位幼兒的訪談，尤其是采燕與百玲，分擔了許多研究工作（如部分研究結果分析）。當然也要感謝參與本研究的幼兒園、幼兒們與教師們——小兔班、大豚班、豆花鹿班、長腿鹿與多角鹿班，尤其是可愛的小朋友，他們可是本書主角呢！還有也要感謝擔任轉譯工作的竹師大四畢業生——運祺、柏姍、佩芬、宜真、雅慧等數位的辛苦工作。

　　除此之外，我還要特別感謝本校自然科學系許春峰教授的審查校閱，許教授非常仔細地閱讀，提出良好建議，讓本書能見得了「世

面」，不致貽笑大方。其次，要感謝的是我的另一位助理，竹師幼教系大四學生明佑的謄打與整理工作，明佑的電腦文書能力與高度配合的精神，讓本書不僅具有「外在美」，且能快速問世，與大家見面。最後我要感謝的是我的雙親、老公及一雙寶貝子女，他們猶如我的朋友般，是促我向前的原動力，感謝他們對我忙碌工作的體諒與支持。

本書共計八章，第一章敘述幼兒科學概念發展與思維探討之重要性及研究方法；第二章敘述幼兒之生物、動物、植物概念；第三章至第六章分別敘述幼兒對物理現象的認知，包括溶解與蒸發、光與影、空氣與熱、電路與齒輪等；第七章則敘述幼兒的地球概念。每章均包括當代實徵研究文獻的分析以及本書之重要研究發現（幼兒之各概念認知概況與另類觀點），最後並統整當代文獻與本研究發現結果，以為之結論。第八章則將本研究發現——幼兒的各概念認知加以統整呈現，並據此進而分析幼兒思考的特性，最後則提出研究、教學與師資培訓的具體建議。

本書限於研究者能力與篇幅，僅依據研究結果，闡述幼兒的認知與天真想法，無法兼顧各科學概念與知識的正確內涵部分；又研究者非自然科學專家，恐於說明科學意涵部分，無法完全達意，有不全之處，敬請各位前輩多予指正。您的指教，就是研究者進步的泉源。

周淑惠

九十一年耶誕于風城

目　錄

附表目次

◦附圖目次◦

 第一章

緒　論

　　近年來「科學教育向下紮根」呼聲不斷，幼兒教育為一切教育之基礎，因此，培養幼兒對科學的探究能力與喜好，並種下科學知識種子，以引導幼兒邁入科學殿堂之門，實極其重要。在此風潮與呼聲之下，吾人以為幼兒科學教育必須建築在對「幼兒」有充分理解之上，包括幼兒的特質、先備經驗及知識。我國幼稚園教師學程列有「幼兒自然科學與數概念」一科，顯示對幼兒科學概念的了解是幼師教學與幼兒科學教育的必要條件，然而卻鮮有相關研究針對幼兒階段的科學概念發展加以探討，因此探究幼兒的科學概念發展概況與思考特性，乃為本書之宗旨，本書開宗明義章即在敘述幼兒科學概念的研究緣起與研究方法。

第一節　幼兒科學概念發展與思維探討之重要性

　　認知發展大師 Piaget 將人的心智發展分為四個階段，這四個階段各具有不同「質地」的思考結構。學前幼兒屬於「前運思期」，又稱「前邏輯期」（Piaget & Szeminska, 1952），其重要特性為缺乏邏輯思

考能力，尚未具有與邏輯思考相關之分類、序列、因果關係等概念。整體而言，幼兒的思考普遍具有自我中心、注意靜態而非動態轉換過程、無法逆向思考、無法對事物持恆（conservation）等特徵（Ginsburg & Opper, 1988）。正因為缺乏邏輯基礎能力，Piaget 認為即使幼兒會計數、簡單的運算，這些能力多是複誦練習而來，非真正的理解，基本上，幼兒在數學上是無能的（Baroody, 1992）。依此推論，幼兒在自然科學上也是無能的，因為數學與自然科學均涉及邏輯推理。

　　然而，近一、二十年來有許多認知心理學家紛紛提出反駁，指出幼兒的認知與思考能力比 Piaget 所認定的還要高，尤其是持「特定領域觀」的「後皮亞傑學派」（Post-Piagetian）。基本上 Piaget 的階段論是屬於「一般結構觀」，每個階段的思考結構具有普遍性與廣被性，涵蓋各個認知領域，學前幼兒因缺乏邏輯思考結構，因而在各個領域之能力均有所欠缺。後皮亞傑學派則認為人類認知發展並非是水平結構、高度同質的階段性發展，幼兒若在具有豐富經驗、充足知識的特定領域內，其推理思考表現則較佳，例如：常玩恐龍玩具的幼兒，對於恐龍知識與該領域的推理能力表現，足以堪稱為小恐龍專家；家裡經商的幼兒，可能對於數字感、數字運算與推理有較佳的表現。

　　此外，有些學者指出，若研究者之測試內容或方式是對幼兒有意義、可理解的情境，幼兒的表現是超乎 Piaget 所認定的。舉例而言，Donaldson（1978）在《兒童心智》一書中詳載其運用不同施測方式，發現兒童能力確實是不可忽視的事實，其主要結論有三：(1)兒童並非像 Piaget 所指的那麼的自我中心；(2)兒童的推理能力並非像 Piaget 所言的那麼的有限；(3)兒童在語言方面的能力表現，的確讓人驚豔。又根據當代諸多研究，幼兒的能力確實有高於 Piaget 所指稱的事實（請參見拙著，《幼兒數學新論》與《幼兒自然科學經驗》二書）。

　　科學與邏輯思考不可分割，邏輯推理是科學探究的本質與基礎，學前幼兒的科學概念發展情形究竟是如何呢？是如 Piaget 所指無法作

邏輯思考，因此科學概念可能尚未形成？抑或是如其他認知心理學家所指，幼兒具有一些能力，表現一些思考與理解？相關實證研究顯示，兒童的確具有自我建構的能力，例如：以計數實物為基礎的「非正式算數」（參見周淑惠之《幼兒數學新論》一書）、自創字型文字的語文表現。然而他在生活中所建構的科學知識有些往往異於正式的科學概念，被稱之為「另有架構」（alternative framework）、「天真理論」（naive theory）、「迷思概念」（misconception）等。這些另類觀點與思維是什麼？有何特色？頗值得探討。在國內，有關幼兒科學方面的實證研究微乎其微，大多數的科學概念發展研究均鎖定在國小以上學童，究竟幼兒階段的科學概念發展與認知為何，鮮有相關研究可以援引、參照，因此實有針對幼兒階段科學概念的發展與思維特性加以探討的必要性，乃引發本研究動機。

Vygotsky（1986）指出：孩子從日常生活經驗與觀察中發展而來的自發性概念，具情境性、實徵性與實用性，代表兒童現階段的發展層次，而學校正式科學概念則為未來發展層次，二者間的差距即所謂「近側發展區」（Zone of Proximal Development）。自發性概念發展至某種程度後，孩子必須把它融入正式科學概念體系中，以他的經驗來思考科學概念，並且在具體（自發性概念）與抽象（正式科學概念）間來回思索，二者乃相互影響、緊密交織成長，最後才凝聚發展成一個穩固的概念系統。換言之，兒童是以生活中的自發性概念為仲介，促其科學概念逐漸邁向成熟與有系統之路發展，教師則必須了解兒童的自發性概念與近側發展區，為其搭構學習的鷹架，以提升其認知發展層次（周淑惠，民91）。Fleer（1993）指出，幼兒的迷思概念是教師為幼兒搭建學習鷹架時，所必須考量的重要切入點。由此可知，了解幼兒每日生活中的自發性概念，或稱另類思考，對教師的教學及兒童的學習極為重要，無怪乎我國幼稚園教師學程列有「幼兒自然科學與數概念」一科。

3

綜上所述，本書旨在探究我國幼稚園階段幼兒的重要科學概念，包括：生物、動物、植物、蒸發、溶解、空氣、電路、齒輪、熱、地球、光、影等的認知與理解情形，進而探知幼兒思考的特性，俾能累積更多的基礎研究資料，進一步作為播撒科學知識種子的參考。

第二節　幼兒科學概念發展與思維之研究方法

本書旨在報導作者採臨床訪談方式以探究我國五歲幼兒的科學概念發展概況，以下擬就研究對象、研究設計、資料蒐集與分析三部分加以說明研究方法。

一、研究對象

本研究以新竹市一所公立及一所私立幼稚園之大班幼兒各三十名為研究對象，共取樣六十名，男女各半，其中私立幼稚園位於科學園區附近，幼兒多來自於中、上層家庭。原則上是以有意願參與研究的班級為主要的取樣對象，因為訪談時需班級教師的協助，並事先取得家長參與研究同意書後施測。由於樣本的選取顧及教師及家長意願，無法做到隨機取樣，且樣本數只有六十，因此研究結果無法廣泛推論，雖是如此，筆者冀望本研究能發揮拋磚引玉效果，引發研究界對幼兒科學概念的研究風潮。又這兩所幼兒園均施行主題式教學，較常進行主題探索活動與接觸科學主題，可能會影響施測結果，此乃本研究之限制。至於研究對象分布如表 1-2-1 所示（為顧及研究倫理，所有班名均為匿名。）：

表 1-2-1 研究對象分布表

性別 \ 班級 人數	公立幼稚園		私立幼稚園			總計
	小兔班	大豚班	豆花鹿班	長腿鹿班	多角鹿班	
男	9	7	4	7	3	30
女	8	6	4	6	6	30
總　計	30		30			60

二、研究設計

本研究採 Piaget 之臨床晤談（clinical interview）精神，探究五歲幼兒的內在想法，實際進行的方式則仿效 Osborne（1980，轉引自 Osborne & Freyberg, 1985）所設計的「事件訪談」法（interview-about-events），以及 Osborne 與 Gilbert（1980，轉引自 Osborne & Freyberg, 1985）所設計的「實例訪談法」（interview-about-instances）。「事件訪談法」主要是用來探究兒童對生活中現象的觀點，如：光的反射、水的蒸發、水的凝結等。研究者在訪談過程中，以具體操作方式，實際呈現相關情境或現象（或者是以圖卡方式呈現），讓幼兒對所發生的現象進行觀察；然後詢問幼兒問題，並在幼兒回答或說明之後，依幼兒的反應情形，彈性回應；以及經確認再確認的過程，以了解其真正想法。詳細程序請參見溶解、蒸發概念之訪談情境與程序表（表 1-2-2）。

「實例訪談法」則是用來探索兒童賦予某一特殊名詞的概念，如：動物、植物等。研究者在訪談的過程中，呈現一組繪有物體或情節的圖卡，讓幼兒觀看；然後請幼兒指認或回答相關問題，如：請指出這組圖卡中的植物，為什麼它是植物？並在幼兒回答或說明後，依幼兒的反應情形，彈性回應，如：追問「為什麼？」，找出錯誤或矛盾處再次確認；或者是交叉驗證，以幼兒自己的回答來製造「認知衝突」情境，如：「你說人只用兩隻腳站著，所以不是動物，而鳥也一樣只

表 1-2-2　溶解、蒸發概念訪談情境與程序表

溶　解		蒸　發	
情境與程序	主要目的	情境與程序	主要目的
將已切碎的方糖丟入裝有熱水的燒杯中。	引發幼兒對溶解現象的關注與描述。	點燃酒精燈，在玻璃鍋中滴入少許水，讓火繼續燃燒。	準備沸點下蒸發情境，引發幼兒的關注與描述。
提問：「方糖怎麼了？」		提問晒衣服情境，對溼衣服的感覺及為什麼是溼的。	引發幼兒對陽光曝晒下蒸發現象的關注與描述。
提問：「方糖看不見了，方糖到哪裡去了？」「方糖還在杯子裡嗎？」	理解幼兒在溶解情境中是否具物質守恆概念（糖仍繼續存在）。	提問：「衣服乾了，溼衣服的水呢？」「水跑到哪裡去了？」	理解幼兒在陽光曝晒蒸發情境中，是否具有物質保留概念（水仍然繼續存在）。
因應幼兒的答案提問，並請其解釋，諸如：「什麼叫溶化？」或「為什麼方糖會跑到……裡？」或「你說方糖在水裡，為什麼看不到？」	探究幼兒對溶解現象之實際理解情形。	因應幼兒答案再次確認並請其解釋為什麼，如：「你說溼衣服的水跑到太陽裡去嗎？為什麼？」	探究幼兒對陽光曝晒下蒸發現象的實際理解情形。
		見鍋子裡的水乾了，提問：「現在鍋子裡的水發生了什麼事？水還在鍋子裡嗎？」、「水跑到哪裡去？為什麼看不到？」（熄滅酒精燈）	理解幼兒在沸點狀況蒸發情境中，是否具有物質守恆概念（水仍然繼續存在）。
複述幼兒答案，再次確認幼兒答案。	再次確認幼兒對溶解概念的理解情形。	因應幼兒答案提問，諸如：「你是說水跑到這酒精燈裡嗎？為什麼？」「怎麼跑進去的？」（幼兒口語回答）	探究幼兒對沸點狀況下蒸發現象之實際理解情形。
		拿出六張圖卡，一一向幼兒解釋內容（包括水消失不見、跑到空氣中、跑到鍋子裡、跑到火裡、跑到酒精燈裡、跑到外面的桌子裡），然後請幼兒選擇一張。（幼兒選擇圖卡並說明）	以不同方式探究幼兒對沸點狀況下蒸發現象之理解情形。
		比對上部分幼兒的口語回答，再次確認幼兒的答案。	比對兩種探究方式，做最後確認。

有兩隻腳，為什麼你卻說牠是動物？」詳細程序請參見生物、動物與植物之訪談情境與程序表（表 1-2-3）。

表 1-2-3　生物、動物與植物概念訪談情境與程序表

生　物		動　物		植　物	
情境與程序	主要目的	情境與程序	主要目的	情境與程序	主要目的
對幼兒提問：「你有沒有聽過生物呢？」	了解幼兒對生物耳聞的情形。	對幼兒提問：「你有沒有聽過動物呢？」	了解幼兒對動物耳聞的情形。	對幼兒提問：「你有沒有聽過植物呢？」	了解幼兒對植物耳聞的情形。
再提問：「像什麼是生物？」	了解幼兒心中的生物典型。	再提問：「像什麼是動物？」	了解幼兒心中的動物典型。	再提問：「像什麼是植物？」	了解幼兒心中的植物典型。
打開貼有照片的海報紙，並按順序指認照片。	確認幼兒認識十五張照片物類。	請幼兒找出照片中屬於動物的物類，然後將黃色的黏貼紙貼在上面。	了解幼兒判斷照片物類「是否為動物？」的狀況。	請幼兒找出照片中屬於植物的物類，然後將紅色的黏貼紙貼在上面。	了解幼兒判斷照片物類「是否為植物？」的狀況。
請幼兒找出照片中是有生命的物類，然後將藍色的黏貼紙貼在上面。	了解幼兒判斷照片物類「是否有生命？」的狀況。	詢問幼兒判斷動物或不是動物的理由。	了解幼兒判斷動物的依據標準，及幼兒的另類思維。	詢問幼兒判斷是植物或不是植物的理由。	了解幼兒判斷植物的依據標準，及幼兒的另類思維。
詢問幼兒判斷有生命或沒生命的理由。	了解幼兒判斷生物的依據標準，及其另類思維。	追問、確認、驗證幼兒的答案。	最後確認幼兒的判斷標準。	追問、確認、驗證幼兒的答案。	最後確認幼兒的判斷標準。
追問、確認、驗證幼兒的答案。	最後確認幼兒的判斷標準。				

本研究在訪談過程中除特別注意確認動作外，並且儘量做到以不同方式評量同一概念，增加研究的可信度，如在探討蒸發部分，兼採現象呈現與圖卡呈現兩種方式加以評量。

五位研究助理在正式施測前，均接受臨床訪談訓練，並與筆者共同進行試測工作。總計在二所公幼、二所私幼試測四次，每次約三十名幼兒，並依每次試測結果，研討與修正訪談情境及程序。此外，亦依訪談程序與情境製備一份「訪談初步整理表」（參見表 1-2-4、表 1-2-5），內含幼兒回答類別勾記與質性說明摘記欄位，以供現場訪談時初步記錄幼兒的反應。初步整理表亦依試測結果，逐次修正，以期能大致反應測試情境中幼兒回答的向度。

三、資料蒐集與分析

本研究共有十二個概念，每位研究助理分別負責二至三個概念的訪談工作，各約以四、五次時間輪流完成六十位幼兒的訪談。每一次訪談（二至三個概念），每位幼兒所用的時間約為十五至二十分鐘。訪談的日期為九十年十一月、十二月間，在訪談時，訪談者用攝影機將整個訪問的流程加以詳實攝錄，並以事先設計的初步整理表做現場記錄。訪談所得資料，研究者依以下步驟加以整理、分析：

㈠樣本編號與資料轉譯

首先按照幼兒的班級及座號作編號，如：豚 1、角 2、兔 3，第一個國字代表「班級」，第二個數字代表「幼兒編號」，並且將訪談錄影帶轉譯成文字稿，以供分析之用。

㈡登錄資料內容與類別

訪談轉譯稿經重複閱讀，將資料再次登錄於初步整理表，並與現

表1-2-4　溶解概念訪談初步整理表

訪談項目	回答類別	幼兒1	幼兒2	幼兒3	幼兒4	幼兒5	幼兒6	幼兒7	幼兒8	幼兒9	幼兒10	幼兒11	幼兒12	幼兒13	幼兒14	幼兒15	總計次數	總計百分比
方糖怎麼了？（現象呈現、對溶解現象的描述）	消失不見																	
	溶化／溶解																	
	其　他																	
方糖到哪裡去了？（物質守恆概念）（口語回答）	消失不見																	
	溶化於水裡																	
	外面或空氣																	
	其　他																	
為什麼看不到方糖？（口語回答）	消失不見																	
	溶化於水裡																	
	變小、看不見																	
	變成水																	
	不知道																	
	其　他																	

表 1-2-5　蒸發概念訪談初步整理表

訪談項目	回答類別	幼兒編號 1	2	3	4	5	6	7	8	9	10	11	12	13	14	15	總計 次數	百分比
濕衣服中的水到哪裡去了？（陽光曬下的蒸發）（□語回答）	消失不見																	
	太陽裡																	
	地面上																	
	蒸發構成雲																	
	不知道																	
	其他																	
水到哪裡去了？（沸點狀況下的蒸發）（現象呈現、□語回答）	消失不見																	
	空氣裡																	
	鍋子裡																	
	火裡																	
	酒精燈裡																	
	桌子裡																	
	其他																	
水到哪裡去了？（沸點狀況下的蒸發）（圖片選擇）	圖一（消失不見）																	
	圖二（空氣）																	
	圖三（鍋子）																	
	圖四（火）																	
	圖五（酒精燈）																	
	圖六（桌子）																	
	其他																	
為什麼水會跑到……裡？（□語回答）																		

場原紀錄之初步整理表對照，進行三角檢測，以期正確反映幼兒的表現與反應。

㈢分析與統計概念內涵與類別

將初步整理表中，六十位幼兒的開放資料，如口語說明其他部分，先作內容分析，再進行歸類與類別統計。在歸類分析過程中，不斷的在資料整理表與轉譯稿間來回閱讀、對照，以期忠實反映原始資料；並且對照幼兒的特定答案（如：圖卡選擇）與開放說明間的一致性，以及前後回答的邏輯一致性，以期探究幼兒的真正想法。在調整、修正、歸類後，研究者間（筆者與研究助理）復進行相互驗證工作，以增加研究的可信度。最後，則統計各類別之百分比，以呈現研究結果。

參考文獻

中文部分

周淑惠（民84）。幼兒數學新論——教材教法。台北：心理。

周淑惠（民86）。幼兒自然科學經驗——教材教法。台北：心理。

周淑惠主編（民91）。幼稚園幼兒科學課程資源手冊。台北：教育部。

英文部分

Baroody, A. (1992). The development of preschoolers' counting skill and principles. In J. Bideaud, C. Meljac, & J. P. Fischer(Eds.), *Pathways to number: children's developing numerical abilities.* Hillsdale, N. J.: Lawrence Erlbaum.

Donaldson, M.(1978). *Children's minds*: New York: W. W. Norton.

Fleer, M. (1993). Science education in childcare. *Science Education, 77*(6), 561-573.

Ginsburg, H.P. & Opper , S. (1988). *Piaget's theory of intellectual development.* Englewood Cliffs, New Jersey : Prentice Hall.

Osborne, R. & Freyberg, P. (1985). Children's science. In R. Osborne & P. Freyberg (Eds.), *Learning in Science: the implications of children's science.* Auckland: Heinemann Education.

Piaget, J & Szeminska, A. (1952). *Child's conception of number.* New York: Humanities Press.

Vygotsky, L. (1986). *Thought & language.* Boston, Mass: The Massachusetts Institute of Technology.

第二章

幼兒之生物、動物及植物概念

　　很多幼兒都有飼養貓、狗等寵物的經驗，也曾拜訪動物園，看過各種動物；同時，幼兒亦生活在一個植物的世界裡，每日欣賞家裡、園裡的植栽，拜訪過綠意盎然的植物園、公園，也曾吃過許多蔬菜。簡言之，幼兒是生長在一個充滿各種生物的世界裡，究竟幼兒對於身邊的「生物」、「動物」及「植物」的認知為何？與正式的科學概念是否一致？實頗值探究。本章旨在探討幼兒的生物、動物及植物概念，擬分四節陳述。第一節為當代相關實徵文獻的分析；第二節為本研究發現，報導幼兒對生物、動物、植物的認知概況；第三節進而說明幼兒在生物、動物、植物方面的另類思維；最後一節則綜合實徵研究文獻與本研究發現，加以歸納。

第一節　生物、動物、植物概念之實徵研究

一、生物概念

　　有關兒童的生物概念，Piaget 以及 Laurendeau 與 Pinard（1962，轉

引自 Carey, 1985）均發現幼兒持泛靈觀，無法區分生命與無生命體。
Carey（1985）將兩項研究所提出的泛靈觀階段整理成表2-1-1。

表2-1-1　Piaget, Laurendeau與Pinard泛靈觀階段表（Carey, 1985）

萬物有靈論	Piaget（1929）	Laurendeau 與 Pinard（1962）
階段0	無概念： 隨意判斷，不一致或無關的判斷。	同左
階段1	凡「有活動者」皆屬之： 有活動者，不管何種方式，皆判斷為有生命，如樹產果、燭火發光等。	以「有活動」或「移動」判斷之： 「有活動」及「移動」者，均判斷為有生命。
階段2	以「移動」判斷之： 只有具「位移現象」的物體，才判斷為有生命的。	以「自行移動」判斷之： 物體能「自發性移動」才是有生命的。
階段3	以「自行移動」判斷之： 物體能「自發性移動」才是有生命的。	達「成人」概念： 只有動物和（或）植物才是有生命的。
階段4	達「成人」概念： 只有動物和（或）植物才是有生命的。	

Carey（1985）的研究亦確認幼童之泛靈表現，但是她反對 Piaget 的階段發展描述；認為幼兒會有泛靈觀表現是因為其所具有的生物知識不足，無法像成人一般地做說明與區分，兒童大約在十歲左右獲得較多的生物知識後，泛靈現象就會消失。然而Bell（1980，轉引自Bell & Freyberg, 1985）曾調查五至十七歲學童對有生命、活的（Living）意義之理解，結果發現有許多十來歲的學童仍認為火、雲、太陽是活的。

近年來，有一些研究指出兒童並不像 Piaget 所聲稱那樣地泛靈化，無法區分有生命與無生命體（Gelmen, 1978；Keil, 1979）。Keil 指出三歲幼兒對生命體表現感情與情緒，但對無生命體則不然。又 Piaget 萬物有靈論的核心是物體「動」與否，Gelman 與 Guttfried（1996）則指出，兒童確知動物與無生命物體的「動」，二者在本質上是完全不同的；而且兒童在判斷是否有生命時，並不完全依賴「動」的本質，有關該移動物體的領域知識也是很重要的評斷因素。Dolgin 與 Behrend（1984）則歸納一些較早期的實證研究結果，證實泛靈現象並非像 Piaget 所報導的那麼普遍。又其自身的研究亦發現泛靈並不是一個普遍的現象，當受測對象所施測的是最典型的生命體與非生命體時（固定不動、無生命外觀的），很少發生錯誤，當受測物是較非典型時（如洋娃娃、動物屍體），表現就大為下降；另一個重要發現是五歲幼兒的泛靈表現是最強烈的（相較於三、四歲幼兒），而七至九歲兒童的回答已頗具無泛靈現象，比 Piaget 階段論所認定的還要提早。

國內黃達三（Huang, 1995）曾對國小學童的生命概念加以研究，結果發現國小學生能以生長、營養、生殖三種屬性來區別生物和非生物，較少用其他屬性來指認生命概念。陳世輝及古智雄（Chen & Ku, 1997）則探討山地兒童的生物概念與生物分類，發現運動和生長是最普遍判斷生物的屬性；低、高年級學生則分別以動物、植物屬性判斷之；在類別階層上則常將樹、草、鳥、魚視為與植物、動物同階層。

二、動物概念

其次有關兒童的動物概念，根據 Carey（1985）的研究顯示，幼兒將動物視為會「表現行為」的物種（behaving beings），直到十歲後才會與成人一樣，視動物亦為生物學上的物種；又幼兒並不了解所有動物均會進食、呼吸與繁殖，他們也不認為所有動物皆有相似的內部器

官。Bell（1981a）曾訪談九至十五歲學童，結果發現許多學生認為只有大型陸地動物，像在農場裡、動物園裡的動物，或是家中的寵物才是動物。Bell 與 Freyberg（1985）又研究五至十七歲學童，發現他們的動物觀限於陸地哺乳類。此外，Trowbridge 與 Mintzes（1985）的研究亦有相似的結論：通常學童判斷動物的標準是：四條腿、體積大、居住陸地、有毛、會製造聲音；而且昆蟲、魚、鳥、人全被視為與動物同屬並存的類別，非上下隸屬關係（Bell, 1981a）。舉例而言，在 Bell 與 Freyberg（1985）的十一歲樣本中，對於蜘蛛與蚯蚓這種小型生物，分別只有 22%、37%兒童認為牠們是動物。另一個有趣的現象是，有 43%的學童認為人不是動物，只有 57%認為人是動物。

我國黃達三（Huang, 1995）曾研究國小學童的動植物概念，發現學生以能否運動、營養型式、有無細胞壁三種屬性來分辨動物與植物，當要其描述動物概念時，常以脊椎動物的特徵來描述。陳世輝及古智雄（Chen & Ku, 1998）發現我國原住民兒童觀念中所謂的動物，大都指動物園或叢林中的大型陸地肉食性哺乳動物，如：獅子、老虎、大象等，攻擊、進食、移動是最典型的動物概念。此發現與前述 Bell（1981a），Bell 與 Freyberg（1985）及 Trowbridge 與 Mintzes（1985）的發現雷同，不同的是我國原住民兒童較注意的是攻擊行為；至於學童的動物分類亦與前述研究同，將動物之子類別與動物同置一階；此外，多數學童亦不認為「人」屬動物。又莊志彥（民 87）探討國小一至六年級學童的動物概念，其結論為：(1)最熟悉的動物是哺乳類，最不熟悉是兩棲類，但不同背景學童熟悉的動物類別不同；(2)對於動物的分類，傾向用原型或明顯特徵來判斷，但類包含（層級包含）能力並不完善。

三、植物概念

　　最後有關兒童的植物概念，Bell（1981b）發現學童對於植物一詞
有較為限制的意義，許多十、十三、十五歲孩童不認為樹是植物；許
多學童也認為草、蒲公英不是植物，它們是野草；有一半的學生認為
胡蘿蔔與包心菜不是植物，它們是蔬菜；而野草、蔬菜與植物同屬一
個分類層級。兒童所使用的指認標準，包括科學上可接受的，如：有
葉、有根、是固定不動、長於地上；與科學上不能接受的，如：尺寸、
硬度、被種植的與使用土壤為食物源；生物特質如：有細胞壁、自行
供給營養，並沒有被當成判斷標準。Osborne 與 Freyberg（1985）曾調
查六至十七歲學童對於樹、草、蘿蔔、種子是否為植物的看法；以六
至七歲學童為例，依次分別只有 30～40%、30～40%、50～60%、
70～80%，認為以上四者是植物。有趣的是 Dougherty（1978，轉引自
陳世輝及古智雄，1999），則發現美國兒童將植物限於小的、綠色的
草本植物，他們不認為樹、花、葉、藤、草地是植物。

　　國內黃達三（Huang, 1995）曾對國小學童的植物概念加以研究，
發現學童以維管束或顯花植物特徵來描述植物概念；陳世輝及古智雄
（Chen & Ku, 1999）研究原住民國小學童發現：(1)樹是兒童最典型
的植物範例；(2)兒童以植物類別、構造和生理屬性指認植物，除科學
上可接受的特徵外，亦使用許多非科學可接受的特徵；(3)兒童的植物
原型可能是樹、草、花，具根、莖、葉。這與 Bell（1981b）以及
Dougherty（1978，轉引自陳世輝及古智雄，1999）的研究發現——許
多孩童不認為樹是植物，是有出入的。

四、小結

　　綜合文獻所述，吾人歸納兒童的生物概念發展，並不是以全有或全無方式發展，兒童具有一些泛靈觀，但並非完全無法區分有生命與無生命體，在判斷是否為生物時之標準多為運動與生長。其次，兒童的動物概念有如下特徵：(1)多指涉大型陸地哺乳類或脊椎動物；(2)以外在明顯特徵來判斷動物，尤其會「動」是動物的典型特徵與指認標準；(3)多數學童不認為「人」屬動物；(4)將鳥類、魚類、昆蟲類等視為與動物同屬一個層級，因此，鳥、魚、蟲不是動物。最後，兒童的植物概念特徵為：(1)非以全有或全無方式發展，其指認標準有些是合乎科學的，如：固定不動，長於地面，具根、莖、葉特徵，有些則不符科學；(2)將野草、蔬菜視為與植物同屬一個層級，因此草、包心菜不是植物；(3)各國兒童的植物原型可能不同，如有些國家的兒童不認為樹是植物。

第二節　幼兒對生物、動物、植物之認知概況

　　為了解幼兒的生物、動物、植物概念，本研究先詢問幼兒有否聽過此三名詞，並請舉其心目中的典型代表實例。接著出示有十五張圖片的大海報，請幼兒分別指認其中的生物、動物、植物，並追問為何如此指認，以了解幼兒判斷的標準（參見圖2-2-1）。本節擬就幼兒對生物、動物和植物三詞之反應情形、所舉之典型實例、圖片指認之表現情形與歸類之判斷標準（包括思考判斷的特性及判斷標準的內涵）分別呈現之。

圖 2-2-1　生物、動物、植物指認海報圖

一、名詞反應情形

　　表 2-2-1 顯示，在生物、動物和植物三詞中，幼兒對動物的耳聞率最高，幾近百分之百，其次是植物，耳聞率為五分之四，而生物的耳聞率最低，半數以上幼兒未曾耳聞生物一詞。聽過生物、動物、植物的幼兒，大多能舉出意象中的典型生物、動物、植物實例。以上資料說明幼兒對動物最為熟悉，絕大多數幼兒皆有所聞，對生物可能最不熟悉，半數以上幼兒未曾耳聞「生物」一詞。

表 2-2-1　幼兒對「生物」、「動物」、「植物」三詞之反應統計表

幼兒反應 ＼ 所提名詞		生物	動物	植物
耳聞並舉實例	次數	23	59	47
	百分比（%）	38.33	98.33	78.33
耳聞但無舉例	次數	4	0	1
	百分比（%）	6.67	0	1.67
未曾耳聞	次數	33	1	12
	百分比（%）	55.00	1.67	20.00
總　計	次數	60	60	60
	百分比（%）	100	100	100

二、典型實例

　　表 2-2-2、2-2-3、2-2-4 顯示，幼兒所舉生物實例類型中，以「住在海裡的」（39.13%）及「動物」（26.09%）比率較高。而在「住在海裡的」答案類別中，大部分是直接說出「住在海裡的」，小部分指出海豚、鯊魚、海龜等海中生物。所舉動物實例類型中，以哺乳類居冠（79.62%），占絕大多數，其中最常被舉例之前三種動物是老虎、獅子、鹿。顯示大多數幼兒心目中之典型動物意象為四隻腳之哺乳類動物，而鳥類、爬蟲類、魚類、昆蟲類，比較不被幼兒視為典型動物。幼兒在舉植物實例類型時，最常被提及的是植物全株（63.81%），其中以蔬菜（如：高麗菜、青菜）、草、樹之頻率最高，有些幼兒答案則以植物的器官為典型植物的代表，如：花、葉。顯示多數幼兒心目中之典型植物意象為生活中常見之蔬菜、草、樹。

表 2-2-2　幼兒舉「生物」實例之類型表

回答之生物實例　　　　統計項目	住在海裡的	動物	植物	昆蟲	住在水中和動物	住在水中和植物	動物和植物	總數
次　　數	9	6	2	2	2	1	1	23
百分比（%）	39.13	26.09	8.70	8.70	8.70	4.35	4.35	100
備　　註	幼兒的總數為 60 人，其中 23 人（38.33%）聽過生物一詞，並舉實例，其實例類型如本表所載。							

表 2-2-3　幼兒舉「動物」實例之類型表

回答之動物實例　　　　統計項目	哺乳類	鳥類	爬蟲類	魚類	昆蟲類	總數
次　　數	110	10	10	9	4	143
百分比（%）	76.92	6.99	6.99	6.29	2.80	100
備　　註	幼兒的總數為 60 人，其中 59 人（98.33%）聽過動物一詞，並舉實例。多數幼兒提出 2 種以上動物，其類型歸為五類。					

表 2-2-4　幼兒舉「植物」實例之類型表

回答之植物實例　　　　統計項目	植物全株	植物器官	其他	總數
次　　數	67	27	11	105
百分比（%）	63.81	25.71	10.48	100
備　　註	幼兒的總數為 60 人，其中 47 人（78.33%）聽過植物並舉實例，多數幼兒提出 2 種以上動物。			

三、指認表現

表 2-2-5 顯示幼兒在指認圖片中的生物、動物與植物時，以植物、動物的指認表現較佳，生物的表現最差，正確率最低。幼兒對生物之耳聞率最低，最不熟悉，難怪其正確指認率最低。進而分析指認十四張圖片正確（亦即有一張指認錯誤）幼兒的錯誤內涵，在生物的部分，其錯誤多因「把種子當作無生命的」、「把火、雲的『動』當作有生命」所導致；在動物的部分多因認為「小孩不是動物」所導致；在植物的部分則多因認為「種子不具植物外型」所導致。

表 2-2-5 幼兒指認圖片屬「生物」、「動物」、「植物」之整體表現統計表

訪談項目	統計項目	全部正確	14張正確	13張正確	12張正確	11張正確	10張正確	9張正確	8張正確	7張正確	6張正確	5張正確	2張正確	總數
生物	次 數	7	6	4	5	9	18	8	1		2			60
生物	百分比(%)	11.67	10.00	6.67	8.33	15.00	30.00	13.33	1.67		3.33			100
動物	次 數	11	28	5	10	3	2			1				60
動物	百分比(%)	18.33	46.67	8.33	16.67	5.00	3.33			1.67				100
植物	次 數	21	16	9	4	2	4	1	1	1			1	60
植物	百分比(%)	35.00	26.67	15.00	6.67	3.33	6.67	1.67	1.67	1.67			1.67	100

備註：幼兒的總數為 60 人，圖片共 15 張。

表 2-2-6　幼兒指認圖片屬「生物」、「動物」、「植物」
之個別正確率統計表

統計項目＼圖片		狗	蛇	魚	鳥	蟑螂	小孩	稻子	高麗菜	樹	仙人掌	種子	汽車	球	火	雲
生物	次數	58	54	55	52	48	53	33	31	36	36	28	12	13	8	14
	百分比(%)	96.67	90.00	91.67	86.67	80.00	88.33	55.00	51.67	60.00	60.00	46.67	20.00	21.67	13.33	23.33
動物	次數	58	57	48	52	42	18	1	2	3	2	1	2	2	1	1
	百分比(%)	96.67	95.00	80.00	86.67	70.00	30.00	1.67	3.33	5.00	3.33	1.67	3.33	3.33	1.67	1.67
植物	次數	3	2	14	6	5	5	55	54	50	43	38	1	3	3	3
	百分比(%)	5.00	3.33	23.33	10.00	8.33	8.33	91.67	90.00	83.33	71.67	63.33	1.67	5.00	5.00	5.00

備註：幼兒的總數為 60 人，圖片共 15 張。

　　進一步統計個別圖片之指認正確率（參見表 2-2-6）。幼兒在十五張圖片中指認「生物」時，指認正確率最高的是各種動物，約有八、九成之多，尤其是狗；各種植物之正確率約只有五、六成，顯然有不少幼兒認為植物不屬生物；而有約二成的幼兒認為汽車、球、火、雲為生物。幼兒指認「動物」時，指認正確率最高的是狗、蛇，正確率最低的是小孩，只有三成的幼兒認為小孩是動物。幼兒指認「植物」時，指認正確率最高的是稻子、高麗菜，正確率最低的是種子，只有六成多的幼兒認為種子是植物。

四、判斷標準

　　當幼兒指認後，訪者問幼兒「為什麼這是生物？」、「為什麼這是動物？」、「為什麼這是植物？」，幼兒的判斷與解釋內涵分為三

大類型：完全矛盾荒謬、瑕疵解釋、未提供解釋。完全矛盾荒謬是指幼兒所回答的判斷理由，完全荒謬不合理且嚴重矛盾，無法找出一絲邏輯思路。瑕疵解釋為一種「缺陷性解釋」，是指幼兒能回答判斷理由，但其判斷屬性是不夠周延完整的，而且其說明有相當比例是不合理的，似乎有些邏輯思考，卻又有些前後不一致性，整體而言，其解釋是不夠正確與完備的。判斷動物、植物、生物的屬性特徵有很多，若只提及一個判斷標準當然是不完備的，再加上有一些邏輯上的不一致性與矛盾現象，就構成了「瑕疵解釋」。

表 2-2-7　幼兒判斷「生物」、「動物」、「植物」之思考特性統計表

判斷思考特性／回答項目	完全矛盾荒謬	瑕疵解釋				未提供解釋	總數
		只提及一次標準	持續提及一個標準	持續更動標準（幾乎每次一個標準）	持續使用一個以上的標準		
生物 次數	7	2	10	33	1	7	60
生物 百分比(%)	11.67	3.33	16.67	55.00	1.67	11.67	100
動物 次數	1	1	8	48	0	2	60
動物 百分比(%)	1.67	1.67	13.33	80.00	0.00	3.33	100
植物 次數	5	4	12	32	3	4	60
植物 百分比(%)	8.33	6.67	20.00	53.33	5.00	6.67	100

　　表 2-2-7 顯示，大多數幼兒雖能提供解釋，但其解釋多是屬於「瑕疵解釋」，又細分為四種狀況：只提及一次標準、持續提及一個標準、持續更換標準、持續使用一個以上的標準。「只提及一次標準」是指整個訪談中，只有一次說出標準，就不再表示意見，所提及的標準是

判斷生物、動物、植物的諸多屬性之一，因此基本上是不完備的。「持續提及一個標準」是在訪談過程中，幼兒持續地給予同一個標準，基本上也是不完備的。「持續使用一個以上的標準」顧名思義是能同時說出一個以上的標準而且也能持續地使用這個標準，它比前二類能多提出判斷的標準，但在內容上也是不完備的。基本上以上三類均有一些邏輯上的不一致性。幼兒的瑕疵解釋多為「持續更換標準」，尤其在解說為什麼是動物的時候更是如此，在判斷生物時，幼兒持續更換標準的百分比為 55%，判斷動物時，幼兒持續更換標準的百分比為 80%，判斷植物時，幼兒持續更換標準的百分比為 53.33%。持續更換標準是指幼兒在整個回答的過程中，隨著訪者的提問，「判斷標準」持續更動，幾乎是每一次詢問就提供一個判斷屬性，沒有一套固定的判斷標準，且隨著訪者之提問不斷更換理由，亦即在相同的問題，不同的詢問情境中，運用不同的判斷理由，因此產生顧此失彼、前後矛盾不一致的現象。整體而言，其解釋是零亂、不完備的，有一些邏輯上的缺陷。由此可見幼兒會使用一個以上的屬性特徵來判斷生物、動物、植物，但卻無法做到內容上的完備性與邏輯上的一致性。茲舉幼兒實例說明如下：

訪者：那妳為什麼知道狗狗是有生命的？

兔13：因為牠會動……

訪者：那妳怎麼會知道高麗菜是有生命的？

兔13：因為它們可以吃……

訪者：那妳怎麼會知道樹是有生命的？

兔13：因為它可以爬！

訪者：好，那妳怎麼知道仙人掌是有生命的？

兔13：它可以種！

訪者：那樹為什麼有生命呢？

兔13：必須要被澆水……

訪者：那種子爲什麼沒有生命？

兔13：它不是種的。

訪者：爲什麼魚不是動物？

角5：因爲牠是海裡動物！

訪者：那爲什麼蟑螂不是動物呢？

角5：牠是昆蟲的。

訪者：那人呢？

角5：人是爸爸媽媽的寶貝！

訪者：人是爸爸媽媽的寶貝！那蟑螂也有爸爸媽媽把牠生出來，其他的動物也有啊？

角5：可是牠不是像人一樣！

訪者：蟑螂跟人不一樣！你再想想看，爲什麼人不是動物！

角5：（遲疑……想了一下）……可是人不像動物園的動物。

訪者：人不像動物園的動物的什麼？

角5：他不是住……不是住在動物園！

訪者：爲什麼它們都是植物呢？

長6：因爲它們都是會長……！

訪者：嗯！你看這個小妹妹也會慢慢長大呀？爲什麼不是植物？

長6：可是……可是她又不是……因爲她會走路呀！

訪者：所以你是說（指著樹的照片）它們都會長大，都不會走路，是嗎？

長6：嗯！因爲它們每天都在吸水。

訪者：它們每天都在吸水，……那種子呢？種子爲什麼不算是植物？

長6：因爲它都沒有草！

訪者：沒有草……你的意思是因爲它沒有葉子是嗎？

長6：嗯！

　　表 2-2-8、2-2-9、2-2-10 顯示幼兒判斷生物的標準以「動」的比例最高（27.73%），其次爲「死亡」（14.29%）、「成長」（10.92%）、「有用途」（10.08%）等；幼兒判斷動物的標準亦以「動」的比例最高（38.51%），其次爲「器官組織」（22.30%）、與「居住」（15.54%）；幼兒判斷植物的標準依次以「器官外型」（22.45%）、「營養、種植狀況」（21.43%）、「固定不動」（19.39%）爲較高。

表 2-2-8　幼兒判斷「生物」標準歸類一覽表

判斷生物的標準／統計項目	動會動	動移動	動自動	消失、滅絕、死亡	成長	有用途、能力	營養、種植	器官組織	成人教導	講話、叫	生殖	居住	其他	總數
次　數	33	17		13	12	11	9	7	3	3	2		9	119
百分比（%）	27.73	14.29		10.92	10.08	9.24	7.56	5.88	2.52	2.52	1.68		7.56	100
備　註	除去完全矛盾荒謬及未提供解釋之幼兒的判斷標準，提供瑕疵解釋幼兒共有 46 位，一位幼兒可能提供一個或一個以上的答案，所以判斷的標準共有 119 次。													

表 2-2-9　幼兒判斷「動物」標準歸類一覽表

判斷動物的標準／統計項目	動會動	動移動	動自動	器官組織	居住	成人世界教導	吃人、咬人	講話、叫	有用途、能力	生殖	營養	成長	其他	總數
次　數	57	33		23	7	5	5	5	3	2	1		7	148
百分比（%）	38.51	22.30		15.54	4.73	3.39	3.39	3.39	2.03	1.35	0.68		4.73	100
備　註	除去完全矛盾荒謬及未提供解釋之幼兒的判斷標準，提供瑕疵解釋幼兒共有 57 位，一位幼兒可能提供一個或一個以上的答案，所以判斷的標準共有 148 次。													

表 2-2-10　幼兒判斷「植物」標準歸類一覽表

判斷植物的標準　　統計項目	器官外型	營養、種植	固定不動	成長	可吃	有用途、能力	成人世界教導	有種子	居住	其他	總數
次　數	22	21	19	13	11	3	3	2	1	3	98
百分比（%）	22.45	21.43	19.39	13.27	11.22	3.06	3.06	2.04	1.02	3.06	100
備　註	除去完全矛盾荒謬及未提供解釋之幼兒的判斷標準，提供瑕疵解釋幼兒共有 51 位，一位幼兒可能提供一個或一個以上的答案，所以判斷的標準共有 98 次。										

「動」是幼兒判斷生物比例最高的標準。舉例而言，在幼兒貼完所有認為是生物（有生命的）的貼紙後，回應訪者為什麼其所貼者是有生命的？角 1 幼兒說：「因為牠會動來動去，所以牠是有生命。」；兔 10 幼兒說：「因為牠們會動。」；豆 6 幼兒說：「因為牠們會自己動呀！」；豆 7 幼兒說：「因為牠們都會動。」

「動」亦是幼兒判斷動物的標準中比例最高的。舉例而言，幼兒在貼完所有認為是動物的貼紙後，回應訪者為什麼其所貼者是動物？豚 6 幼兒說：「牠們都會動。」；豆 4 幼兒說：「牠們都可以移動呀！」；豚 2 幼兒說：「會爬的就是動物。」；之後老師反問有些東西不會爬，像是魚呀，為什麼牠也是動物？豚 2 幼兒回答：「因為牠會游，牠會動。」。

「器官外型」為幼兒判斷植物的標準中比例最高的，但與「營養、種植」及「固定不動」百分比例不相上下。茲舉說明如下：

訪者：那妳怎麼判斷它們是植物或不是植物？

豚 2：因為植物不會動！＜固定不動＞

訪者：因為不會動喔，那妳看椅子也不會動耶，那它算不算植物？

豚 2：不算！

訪者：那妳説不會動的就是植物，那電腦也不會動呀！這個也不
　　　會動呀？那要怎麼説……？

豚 2：因爲它有葉子。＜器官外形＞

訪者：好，都貼完了嗎？那妳怎麼知道它們是植物？

長 1：因爲它們都是有菜的（意指有綠葉），而且還會長出來的。

訪者：那還有什麼特點呢？

長 1：像豆子就可以吃，樹就可以長出綠色的葉子。＜器官外形＞

訪者：你是怎麼判斷這四個是植物的？

長13：因爲它有葉子。＜器官外形＞

訪者：好，那你可不可以跟老師説爲什麼樹是植物呀？

兔 7：有營養……

訪者：喔～有營養是不是？那是吃了它很有營養，還是它需要營
　　　養？

兔 7：它需要營養……

訪者：那高麗菜爲什麼是植物？

兔 7：它也要營養……　＜營養＞

訪者：那高麗菜爲什麼是植物呀？

長10：因爲它種在田裡面。

訪者：因爲它種在田裡面，那稻米呢？

長10：因爲它也是種在田裡面。

訪者：那這個呢？（手指種子）

長10：因爲它也可以種在田裡面！＜種植＞

訪者：好，那妳跟老師講，為什麼它們是植物，植物有什麼共同
　　　點？

豚13：因為植物是用種子種的，因為像這個稻田是用種子種的，
　　　高麗菜也是，這個紅豆也是！仙人掌也是用種子種出來的，
　　　樹也是！＜種植＞

訪者：為什麼它是植物呀？

長9：因為它們都不會動！＜固定不動＞

訪者：好，那這些都是植物，你是怎麼知道它們是植物的？你是
　　　怎麼看的？

豚9：因為草是不會動的！＜固定不動＞

第三節　幼兒對生物、動物、植物之另類思維

　　本研究發現幼兒在指認個別生物是否屬生物、動物、或植物時，
有相當比例的有趣迷思想法出現，諸如：「植物不是生物」，「汽車、
火、球、雲是生物」，「小孩不是動物」，「種子不是植物」等。此
外，在判斷動物時，蟑螂的比例次低於小孩；判斷植物時，仙人掌的
比例次低於種子，即有些幼兒認為「蟑螂不是動物」、「仙人掌不是
植物」。茲分別敘述如下。

一、植物不是生物（約 45.33%）

　　在指認「生物」時，對於圖卡上的五種植物——稻子、高麗菜、
樹、仙人掌與種子，分別只有 55%、51.67%、60%、60%、46.67% 的幼

兒認為它們是生物，不認為這些植物是生物的比例分別為 45%、
48.33%、40%、40%、53.33%，平均比例為 45.33%。幼兒多以不會死、
不能動、沒有動物的五官、是吃的東西等理由來解釋這些植物不是生
物。

訪者：爲什麼你覺得樹是沒有生命？

角 5：因爲樹它們啊⋯⋯都是不會死的！

訪者：喔！你覺得樹⋯⋯他們都是不會死的？

角 5：嗯！

訪者：爲什麼樹沒有生命？

角 1：因爲它太硬了，別人都打不斷它⋯⋯

訪者：太硬了打不斷，是嗎？

角 1：嗯！

訪者：所以它也不算有生命，那這稻子它軟軟的，爲什麼它不算
　　　有生命呢？

角 1：因爲⋯⋯它根本沒有手，也沒有腳，還有頭⋯⋯

訪者：那高麗菜呢？

角 1：因爲它種在田的下面，它永遠都不能動，所以它才不能動
　　　⋯⋯

訪者：永遠都不能動？

角 1：對！

訪者：被種著永遠都不能動，所以它也不算有生命。

角 1：對！這個種子也是一樣。

訪者：種子也是一樣，跟高麗菜一樣⋯⋯

角 1：對！

訪者：你怎麼知道高麗菜是沒有生命的？

豚7：因為它是吃的東西⋯⋯

二、小孩（人）不是動物（70%）

在指認「動物」時，只有 30% 的幼兒認為小孩是動物，是所有動物圖卡中指認率最低的，不認為小孩是動物的比例高達 70%。這些幼兒以人是屬「人類」、動物有四隻腳（人只有二隻腳）、人不住動物園、「植物人」等理由來解釋人不是動物。

訪者：為什麼人不是動物？

長7：人不是！

訪者：那人是什麼？

長7：人類。

訪者：人是動物嗎？

豆3：⋯⋯（搖頭）

訪者：人不是動物，那為什麼人不是動物，人是什麼？

豆3：因為他不是動物園裡面的。

⋮

訪者：妳知不知道什麼是植物？

豆3：那個如果管子通到喉嚨的話就會變成「植物人」！

訪者：人是植物嗎？

豆3：是！（貼貼紙）人可以自己變成植物，像我不會動的時候⋯⋯

訪者：不會動的人就是植物，對不對？

豆3：嗯⋯⋯不動的時候就變成植物了！

訪者：人不是動物，那人是什麼？

長 3：……（聽不清楚）

訪者：你怎麼會知道的？

長 3：人以前是動物……

訪者：人以前是動物，那現在為什麼不是？

長 3：因為從動物變成人……

訪者：那是從什麼變成人？

長 3：猩猩……

訪者：那小妹妹是動物嗎？

角 8：不是！

訪者：為什麼人不是動物呢？

角 8：因為人是兩隻腳的，動物是四隻腳，不是兩隻腳。

三、種子不是植物（36.67%）

在指認「植物」時，只有 63.33%的幼兒認為種子是植物，是所有植物圖卡中指認率最低的，不認為種子是植物的比例為 36.67%。這些幼兒以種子在外觀上沒有葉子、種子不需要營養、沒有吃過（植物可以吃）等理由來解釋種子不是植物。

訪者：那種子呢？種子為什麼不算是植物？

長 6：因為它都沒有草！

訪者：沒有草……你的意思是因為它沒有葉子是嗎？

長 6：嗯！

訪者：為什麼樹是植物呀？

兔7：有營養……

訪者：喔～有營養是不是？那是吃了它很有營養，還是它需要營養？

兔7：它需要營養……

訪者：那高麗菜為什麼是植物？

兔7：它也要營養……

訪者：那稻子呢？稻子也是要營養嗎？

兔7：……（點頭）

訪者：種子為什麼不算是植物？

兔7：……（搖頭）

訪者：因為它不需要營養，是不是？

兔7：……（點頭）

訪者：那種子是不是植物？

兔16：不是！……

訪者：好，那為什麼它們（手指稻子、魚）是植物？

兔16：因為它們可以吃呀！

訪者：可以吃是嗎？所以可以吃的都是植物，那種子妳沒吃過嗎？

兔16：沒吃過……

訪者：沒吃過，是不是？所以種子不是植物？

兔16：……（點頭）

四、汽車、球、火、雲是生物（約 19.58%）

在指認「生物」時，對於汽車、球、火、雲，分別有20%、21.67%、13.33%及23.33%的幼兒認為它們是生物，平均約為二成幼

兒。這些幼兒似乎認為只要「有活動」，就是有生命的，如：雲一直
存在於天空、球的拍動狀態或可以充氣、火會燙人、車可以跑動載人
等的活動狀態。

訪者：雲為什麼是有生命的？

角4：因為它一直在天空中，晚上也會一直在天空中！

訪者：為什麼認為這些都是有生命的？

角4：因為它們都可以活。

訪者：那你怎麼知道車子是活的？

角4：因為我們只要坐在上面，它只要加油就可以！

訪者：那為什麼球是有生命的？

角4：因為我們一直打球，它當然不會死！不會被我們弄壞！

────────────────────────────

訪者：那雲呢？雲為什麼沒生命？

兔11：因為雲會軟軟的，就感覺好像一坐上去就會掉下去，所以
它沒生命。

訪者：感覺軟軟的，那球呢，為什麼它算是有生命的？

兔11：因為球裡面有空氣！

訪者：因為有空氣⋯⋯

兔11：有時候球沒氣的時候，小朋友就會拿給爸爸媽媽充氣⋯⋯

訪者：所以它的生命是什麼？妳看得到它的生命嗎？妳看得到嗎？

兔11：⋯⋯（搖頭）

訪者：妳看得到它的生命嗎？還是就因為它可以充氣，是不是？

兔11：⋯⋯（點頭）

訪者：那火呢？妳怎麼知道火有生命？

兔11：因為它會燙到別人的手！

────────────────────────────

訪者：爲什麽妳覺得球是有生命的？

豚13：因爲球可以滾！

訪者：那雲呢？雲爲什麽是有生命的？

豚13：因爲它很像我們愛吃的棉花糖！

五、蟑螂與仙人掌的迷思（30%、28.33%）

在指認「動物」的時候，蟑螂的比例次低於小孩，指認植物時，仙人掌的比例次低於種子，只有70%與71.67%的幼兒認爲蟑螂與仙人掌分別爲動物、植物，換言之，有約達三成的幼兒不認爲蟑螂是動物、仙人掌是植物。幼兒以蟑螂髒、可怕，蟑螂在牆上爬、是昆蟲，蟑螂不住在動物園等理由，來解釋蟑螂不是動物；以仙人掌會刺人、仙人掌不會長高（植物會長高）、其刺類似「魚」表皮等理由，來解釋仙人掌不是植物。

訪者：爲什麽仙人掌是動物呢？

豚8：仙人掌它本來是小小的慢慢長大，所以它就變成動物！

訪者：那仙人掌它哪裡像動物？

豚8：下面！

訪者：下面的刺刺的嗎？還是它的皮？還是？……

豚8：下面的刺，像「魚」的皮……

訪者：那仙人掌是植物嗎？

豚4：不是！（搖頭）

⋮

訪者：仙人掌……爲什麽妳認爲它不是植物？

豚 4 ：它不會長高！

訪者：妳怎麼知道它們是植物？

長 5 ：因為植物會長高。

訪者：植物會長高對不對？為什麼仙人掌不是植物？

長 5 ：因為它會刺人家！

訪者：蟑螂也在地上呀，為什麼牠不是動物？

兔 5 ：因為牠喜歡髒，其他的不喜歡髒！

訪者：那只有兩個（蛇和蟑螂）是沒有生命的，對不對？為什麼？

長 10：因為蛇很可怕牠會咬人！

訪者：那蟑螂呢？為什麼蟑螂你也說牠沒有生命？

長 10：因為牠很可怕！

訪者：那為什麼蟑螂不是動物呀？

豆 8 ：因為牠是在牆壁上爬的。

訪者：喔～因為牠是在牆壁上爬，那動物應該怎樣才算是動物？

豆 8 ：要在動物園裡面。

訪者：蟑螂不是動物是什麼？

長 7 ：（無語，一直看著訪者……）

訪者：你講得很好呀！不要害怕！……那蟑螂是什麼？

長 7 ：昆蟲（很小聲）。

訪者：是什麼？

長 7 ：昆蟲。

第四節　幼兒生物、動物與植物概念之結論

本章採臨床訪談法，以探討五歲幼兒的生物、動物與植物概念，茲將研究結果與實徵研究文獻對照，歸納如下：

一、幼兒對生物、動物、植物之認知概況

幼兒對動物的耳聞率最高，耳聞率最低的是生物，幼兒最不熟悉。在其所舉的動物實例中，以哺乳類為典型代表，最常被提及的是老虎、獅子、鹿；在其所舉的植物實例中，以植物全株為典型代表，最常被提及的是蔬菜、草、樹；在其所舉的生物實例中，以住在海裡之生物及動物為典型代表。在指認圖片時，以動、植物的表現較佳，生物的表現最差，正確率最低。指認生物時，正確率最高的是各種動物；指認動物時，正確率最高的是狗、蛇，正確率最低的是小孩；指認植物時，正確率最高的是稻子、高麗菜，正確率最低的是種子。至於指認之標準，就生物而言以「動」為最大宗，其次為死亡、成長、有用途等；就動物而言亦以「動」為最大宗，其次為器官組織、居住；就植物而言為器官外型、營養與種植狀況、固定不動，三者不相上下。大部分幼兒均使用一項以上屬性特徵來判斷生物類別，不過其標準則是經常更動，有一些邏輯上的不一致性與內容上的不完備性。

二、幼兒對生物、動物、植物之另類思維

分析幼兒在生物、動物、植物的迷思概念，共有五類：(1)植物不是生物；(2)小孩不是動物；(3)種子不是植物；(4)汽車、球、火、雲是生物；(5)蟑螂與仙人掌的迷思。

三、幼兒的生物、動物、植物概念與文獻之對照

㈠泛靈論

本研究發現二成左右的幼兒認為汽車、火、球、雲為生物，因為它們具有「活動」狀態，是有生命的。此種泛靈論的觀點，似乎沒有Piaget所認為的那麼普遍。

㈡典型動物

幼兒的典型動物代表為哺乳類之老虎、獅子、鹿等大型動物，此一發現與Bell（1981a）、Bell與Freyberg（1985）、Trowbridge與Mintzes（1985）、黃達三（Huang, 1995）、陳世輝和古智雄（Chen & Ku, 1998）、莊志彥（民87）等人的研究結果相呼應。

㈢典型植物

幼兒的典型植物代表為蔬菜、草、樹，與Bell（1981b）、Osborne與 Freyberg（1985）、Dougherty（1978）等國外研究有異，不過與國內學者黃達三（Huang, 1995）、陳世輝與古智雄（Chen & Ku, 1999）等之研究結果較為接近。

㈣判斷標準

幼兒指認生物與動物的判斷標準大多為「動」，與黃達三（Huang, 1995）、陳世輝與古智雄（Chen & Ku, 1998）的研究結果相若；幼兒判斷植物標準為器官外型、營養種植狀態與固定不動，與 Bell（1981b）、陳世輝與古智雄（Chen & Ku, 1999）的研究相呼應。

㈤另類觀點

許多幼兒所擁有的有趣另類觀點，如：人不是動物、蟑螂不是動物、種子不是植物等，與 Bell（1981a）、Bell 與 Freyberg（1985）、陳世輝與古智雄（Chen & Ku 1998）的研究結果相吻合。

參考文獻

中文部分

周淑惠主編（民91）。幼稚園幼兒科學課程資源手冊。台北市：教育部。

莊志彥（民87）。國小學童知覺選擇與動物分類概念之研究。未出版之碩士論文，台中市：國立台中師範學院。

西文部分

Bell, B.F. (1981a). When is an animal not an animals? *Journal of Biological Education,15*(3), 213-218.

Bell, B.F. (1981b). What is a plant: some children's ideas. *New-Zealand Science Teacher, 31*(7), 10-14.

Bell,B. & Freyberg, P. (1985). Language in the Science classroom. In R. Osborne & P.Freyberg (Eds.), *Learning in Science.* Auckland: Heinemann Education.

Carey, S. (1985). *Conceptual change in childhood.*(1st ed). London, England: MIT Press.

Chen, S.H. & Ku, C.H.(1997). A study of the concept "living organism" and living organism in aboriginal children. *Proc. Natl. Sic.Counc. ROC ,7*(2), 96-109.

Chen, S.H. & Ku, C.H.(1998). Aboriginal children's alternative conceptions of animals and animal classification. *Proc. Natl. Sic.Counc. ROC, 8*(2), 55-67.

Chen, S.H. & Ku, C.H.(1999). Aboriginal children's conceptions and alternative conceptions of plants. *Proc. Natl. Sic.Counc. ROC, 9*(1),10-19.

Dolgin, K.G. & Behrend, D.A.(1984). Children's knowledge about animates and inanimates. *Journal of Child Development, 55,* 1646-1650.

Fleer, M. (1993). Science education in child care. *Science Education, 77*(6), 561-573.

Gelmen , S.A. & Gottfried, G.M.(1996). Children's causal explanations of animate and inanimate motion. *Journal of Child Development, 67,* 1970-1987.

Gelman, R. (1978). Cognitive development. *Annual Review of Psychology, 29,* 297-332.

Huang, D.S. (1995). A Study of children's conceptions of life , animals, and plants as well as their alternative conceptions. *Proc. Natl. Sic.Counc. ROC, 6*(1), 39-64

Keil, F.(1979). *Semantic and conceptual development.* Cambridge, Mass: Harvard University.

Osborne, R. & Freyberg, P.(1985). Children's science. In R.Osborne & P. Freyberg (Eds.), *Learning in Science: the implications of children's science.* Auckland: Heinemann Education.

Trowbridge, J.E. & Mintzes, J.J.(1985). Students' alternative conceptions of animals and animal classification. *School Science and Mathematics, 85* (4),304-316.

Vygotsky, L. (1986). *Thought & language.* Boston, Mass.: The Massachusetts Institute of Technology.

 第三章

幼兒之溶解與蒸發概念

　　幼兒在日常生活中經常接觸與溶解或蒸發相關的事件，例如：泡牛奶加奶粉入水，喝茶時加入奶精與方糖，水壺中的水愈煮愈少，潑灑在地板上的水漬久後不見等，不勝枚舉。但是幼兒是如何看待日常生活中的「溶解」與「蒸發」現象呢？根據 Piaget，六、七歲前的幼兒正處於「前運思期」，未具有「物質守恆」（conservation of matter）概念與能力，因此幼兒會以為溶解後的方糖與蒸發後的水是消失不見、不存在了。究竟我國幼兒對蒸發、溶解現象是如何認知的？是否如 Piaget 所言未具物質守恆觀？本章即是針對我國幼兒此二概念加以探討，第一節綜合分析當代實徵研究文獻，第二節敘述本研究有關幼兒溶解概念的重要發現，第三節報導本研究有關幼兒蒸發概念的主要結果，第四節則綜合實徵研究文獻與本研究結果，加以歸納之。

第一節　溶解與蒸發概念之實徵研究

一、溶解概念

溶解（dissolve）涉及物質狀態的改變，Piaget 與 Inhelder（1974）曾以糖溶解於水與揉捏彩色黏土情境探究兒童對量的建構與物質守恆（保留）觀。他們指出幼兒較常使用「消失不見」字眼來說明溶解現象，其推理頗受知覺經驗的支配，因在知覺外觀上糖是消失不見了；十歲以上的小孩才可能不會受到眼前知覺的影響，雖然糖看不到了，依舊聲稱糖在水中，只是分散成非常小的屑塊。換言之，十歲以上的孩童才可能具有物質繼續存在的物質守恆概念。整體而言，學童是先發展物質守恆概念，才進展至重量守恆概念，即糖溶解後雖然看不見，但是它仍存在於水中，水的重量不受影響。能對物質守恆（保留）是理解溶解的基礎，亦是日後各項邏輯推理的重要墊腳石。

Anderson（1984，轉引自 Driver, 1985）曾對英國、瑞典學童的溶解概念加以研究，結果發現仍有一些十五歲大的學童具有糖消失不見的論點，無法對物質的繼續存在守恆，而且多數學童無法對糖水的重量持恆。Driver（1985）在其紐西蘭中學學童（十五至十七歲）研究中亦指出，有一些學生否認糖溶解後仍然存在的事實。我國簡美容（民90）的溶解研究則發現，所測試國小四年級與六年級學童絕大多數皆已具有物質守恆觀點，其物質守恆表現優於重量守恆表現，但對於溶解內涵的理解，諸如均質粒子觀，則仍有多數學童尚未具有此一觀點。

Driver（1985）的研究中亦指出，大約有 25%的樣本以「融化」（melt）來描述「溶解」的過程，且有部分學生認為此二詞的意義是

相同的，例如：「糖溶解了……水像是『融化』了糖晶」。Ebenezer
與Gaskell（1995）也發現學童以物質由固體轉變為液體的物理外觀變
化來描述溶解現象，且稱此為「融化」。此種以固體變液體描述溶解，
混淆融化與溶解的觀點也發現於國內學者黃寶鈿（民79）的研究：固
體溶解之後，就會變成液體，因此，糖溶解之後會變成糖水；以及王
春源、郭重吉與黃曼麗（民81）的研究：咖啡受熱溶解變成液體，就
好像是冰變成水一樣。

又Prieto、Blanco與Rodriguez（1989）的研究指出，當被問到「溶
解」這個詞的意義時，有高達80%的十一至十四歲受訪學童會指涉外
在的行動，如：攪拌、混合，有些情況是加熱；許多較為年幼孩子對
溶解現象的解釋不外乎就是「倒一種物質到另一種物質中，然後攪拌
它」或「溶解就是混合」。同時，有60%的受訪學童使用「攪拌讓物
質散布到水裡面」、「攪拌把溶解物分割」或「攪拌使它更容易溶解」
的措辭來解釋「攪拌對物質溶解的必要性」。之後 Blanco 與 Prieto
（1997）的研究亦有相似的發現：十二至十八歲學童認為加溫與攪拌
對固體溶解有其效果與必要性。Cosgrove 與 Osborne（1981，轉引自
Blanco & Prieto,1997）則指出有部分學童認為熱水「消擾糖」（un-
does），糖因而溶解。職是之故，簡美容（民90）推論，學童的加溫
（熱水）對溶解影響的認知，或許是導致其對「融化」概念混淆的因
素之一。

二、蒸發概念

蒸發亦涉及物質狀態改變但物質本質未變，還是同一物質且繼續
存在的現象。Cosgrove與Osborne（1981，轉引自Driver, 1985）曾探討
八至十七歲學童有關水沸騰狀況下的蒸發概念，發現有些學生對於這
種水由液態轉為氣態，持有物質本質已經改變的觀點。Osborne 與

Cosgrove（1983）又探討八至十七歲學童有關水三態變化的概念發展。就蒸發概念而言，他們以「如果盤子洗滌後放在桌上一段時間，結果盤子乾了，是怎麼回事？」的常溫下蒸發情境，讓學童作答，結果發現，有四類型的觀點：(1)水跑入盤中；(2)水就是不見了、乾了、不存在了；(3)水跑入空氣中會以雨的形式回來；(4)水變成空氣。舉例而言，仍有 20%以上的十三歲學童認為水就是乾了，不再存在了，甚至還有少數十六、七歲學童認為水不存在了，水跑入盤中；而認為水變成非常小的水滴，跑入空氣中的，在十三歲樣本中約只有 40%，十七歲樣本中亦只有約多於 70%。整體而言，學生對於水的狀態改變——蒸發的概念解釋是與科學家觀點大為不同的，即使會使用「蒸發」語詞，但只有表面詞彙的膚淺認識，並未真正具有科學上的理解。

Bar（1987，轉引自 Bar, 1989），以及 Bar 與 Galili（1994）曾對學童之蒸發概念加以研究，發現蒸發概念有四個發展階段：(1)水消失不見了（幼兒期，約五、六歲），幼兒無物質守恆觀；(2)水被地板或盤子吸走了（約七、八歲），幼兒雖已能守恆，但出現另類解釋；(3)水變成水蒸氣，但是轉移到另一個容器或位置（約九、十歲），如：被裝載在雲裡、天空裡，而非水蒸氣即構成了雲，因為孩童認為水蒸氣是看不見的水，它還具有水的各種特質，因此需要一個容器去承載它；(4)水變成水蒸氣，以看不見的小水滴散於空氣中。

國內學者張敬宜（民 87）曾對我國小學四年級學童的蒸發概念加以研究，結果發現絕大多數學童均能對水的存在性持恆，但持有許多另類解釋，一類與太陽有關，一類與空氣相關。僅有 60%以上學童具有正確蒸發概念，至於國小高年級學童約有 80%具有蒸發概念（張敬宜，民 86）。林顯輝（民 84）亦曾對蒸發概念加以研究，結果發現大多數屏東地區四、六年級學童對於蒸發仍持有相當多的迷思概念，符合正統科學概念者為數不多。黃寶鈿、黃湘武（民 79）則探討更高年級層，包括國中、高中、大學生的蒸發概念，發現各年級生具有正統學科蒸發概念者，為數有限。

三、小結

　　綜合文獻分析，各年級學童仍有一些對於溶解概念無法表現物質守恆觀，當糖溶解成均質粒子狀態時，認為它消失不在了；而且有些學童將「溶解」與「融化」混淆；又許多學童認為外力因素的攪拌、加熱是溶解的必要條件，且未具有物質溶解後成均質粒子狀態的觀點。此外，對於蒸發概念，亦有一些學童無法對物質的存在性持恆，當水蒸發成氣態時，認為它消失不在了，而且不少學童對蒸發未真正具有科學上的理解，持另類觀點。

第二節　幼兒溶解概念之研究發現

　　為了解幼兒對溶解現象的認知，本研究在幼兒面前實際將培養皿中已切碎的一小塊方糖丟入裝有熱水的透明燒杯中，然後問幼兒方糖怎麼啦？並請幼兒解釋為什麼看不到方糖？（參見圖 3-2-1）其目的在了解幼兒是否能對物質守恆，了解糖溶解於水，仍然存在其中的道理。

圖 3-2-1　方糖溶解訪談情境示意圖

一、幼兒對溶解之認知概況

　　六十位幼稚園大班幼兒對物質保留情形（糖的存在情形）約有三類：「認為糖仍在水裡面」、「認為糖不在水裡面」及「認為糖變成水」，請參見表 3-2-1。

㈠糖在水裡面（61.67%）

　　在六十位幼稚園大班的受訪幼兒中，有三十七位認為方糖仍在水裡面，具有物質守恆觀，占全體幼兒的 61.67%；其中，又有三十一位幼兒在說明時提及「溶化」的字眼。而當被要求解釋糖為什麼仍是在水中時，幼兒的解釋有三類：方糖變小塊、看不見（占全體幼兒 38.33%）；方糖就是「溶化於水」、看不見（占全體幼兒 15.00%）；

表 3-2-1　幼兒於「溶解」訪談情境之表現統計表

物質守恆情形 類別	次數	總%	有無使用溶化字眼 類別	次數	組內%	總%	物質守恆情形之說明 類別	次數	組內%	總%	有無提及熱與攪拌 類別	次數	組內%	總%	有無提及冰融化 類別	次數	組內%	總%
糖仍在水裡面	37	61.67	使用溶化字眼	31	83.78	51.67	變小塊	23	62.16	38.33	提及攪拌	5	13.51	8.33	提及冰融化	5	13.51	8.33
							溶化於水	9	24.32	15.00	提及熱	8	21.62	13.33				
			未用溶化字眼	6	16.22	10.00	矛盾（提及冰融化）	5	13.51	8.33	提及二者	2	5.41	3.33	未提及冰融化	32	86.49	53.33
											未提及	22	59.46	36.67				
糖不在水裡面	13	21.67	使用溶化字眼	10	76.92	16.67	消失不見	6	46.15	10.00	提及攪拌	4	30.77	6.67	提及冰融化	2	15.38	3.33
							跑到空氣中或變成空氣	3	23.08	5.00	提及熱	2	15.38	3.33				
			未用溶化字眼	3	23.08	5.00	跑到空氣中且提及冰融化	2	15.38	3.33	提及二者	1	7.69	1.67	未提及冰融化	11	84.62	18.33
							其他	2	15.38	3.33	未提及	6	46.15	10.00				
糖變成水	10	16.67	使用溶化字眼	9	90.00	15.00	如冰融化變成水	3	30.00	5.00	提及攪拌	3	30.00	5.00	提及冰融化	3	30.00	5.00
											提及熱	2	20.00	3.33				
			未用溶化字眼	1	10.00	1.67	變小後變成水	3	30.00	5.00	提及二者	0	0.00	0.00	未提及冰融化	7	70.00	11.67
							就是變成水	4	40.00	6.67	未提及	5	50.00	8.33				
總計	60	100	使用（總計60）	50	83.33%	100	總計	60		100	攪拌（總計60）	12	20%	100	提及（總計60）	10	16.67%	100
											熱	12	20%					
											二者	3	5%					
			未使用	10	16.67%						未提及	33	55%		未提及	50	83.33%	

方糖在水中，但卻以「冰融化」解釋方糖溶解於水的現象（占全體幼兒 8.33%）。因此，真正對物質持恆且對溶解概念有一些粗淺理解的幼兒（變小塊、看不見，溶化於水、看不見），占全體幼兒的一半強（53.33%），茲舉這類幼兒的實例說明如下。

訪者：現在方糖怎麼啦？

兔 1：不見了。

訪者：不見的意思是消失不見了嗎？

兔 1：溶化掉了。

訪者：溶化掉了，那你可不可以告訴我什麼叫做「溶化」啊？

兔 1：無語（左右看看，抓抓手）。

訪者：你看到了什麼，所以你覺得方糖是溶化了？

兔 1：變成平平的。

訪者：你看到方糖變得平平的，所以你覺得方糖溶化了是不是？

兔 1：（點點頭）

訪者：那溶化的意思就是方糖變平平的對不對？

兔 1：（點點頭）

訪者：你剛剛有沒有看到我把方糖丟到水裡面啊？

兔 1：有（點頭）。

訪者：可是現在方糖我看不見了，你覺得方糖到哪裡去了？

兔 1：小小不見了。

訪者：不見了，跑到哪裡去了？

兔 1：變成一顆顆小小的東西。

訪者：在哪裡？

兔 1：在水裡（手指杯子裡的水）。

訪者：你說方糖在水裡，爲什麼我現在看不到方糖啊？

豚10：（無語）

訪者：你不是看得到水嗎？爲什麼方糖我看不到了？

豚10：它溶化了。

訪者：爲什麼它溶化了，我就看不到？

豚10：變成粉粉的。

訪者：現在方糖看不到了，你覺得方糖跑到哪去啦？

長7：溶化了。

訪者：溶化到哪裡？

長7：水裡。

訪者：這個水裡是不是？（指杯中的水）

長7：（點點頭）

訪者：你剛剛說它不見，又告訴我它溶化了，到底是溶化還是不見呢？

長7：溶化了。

訪者：有沒有不見？

長7：（搖搖頭）

訪者：它溶化了，那你看得到水嗎？（指杯子）

長7：看得到（看著水杯）。

訪者：看得到水，爲什麼看不到方糖啊？

長7：因爲水太多了，方糖小小的在裡面所以看不到。

訪者：喔！我知道了。

訪者：你剛剛有看到我把方糖丟到水裡面嗎？

角7：對（點頭）！

訪者：現在那顆方糖看不到了，對不對？你覺得方糖怎麼了？

角7：方糖跑進水水裡面（看著杯子）。

訪者：你有看到水嗎？

角7：有。

訪者：那為什麼看不到方糖？

角7：方糖被溶化，溶化就是會不見。

訪者：不見的意思是它還有在杯子裡面嗎？（指杯子）

角7：因為那個沙沙散開來了，看不到，因為沙沙很小。

訪者：現在呢？方糖怎麼啦？

長6：溶解了。

訪者：什麼叫做溶解啊？

長6：溶解就是不見。

訪著：你剛剛有沒有看到我把方糖丟到水裡面啊？

長6：（點點頭）

訪者：現在那顆方糖看不到了，對不對？

長6：（點點頭）

訪者：那方糖跑到哪裡去啦？

長6：水裡面。

訪者：你有看到水嗎（指杯裡的水）？

長6：（點點頭）

那訪者：為什麼看不到方糖？

長6：因為方糖溶掉了。

訪著：方糖溶掉是溶到水裡面看不到是不是？（指著杯裡的水）

長6：（點點頭）

㈡糖不在水裡面（21.67%）

在六十位受訪幼兒中，有十三位認為糖不在水裡，不具物質守恆觀，占全體幼兒的21.67%。究其解釋有三類，認為方糖「消失不見、不知去哪？」，占全體幼兒 10%；認為方糖「跑到空氣中或變成空氣」，占全體幼兒5%；認為方糖「跑到空氣中，還提及冰融化現象」，占全體幼兒3.33%；另外有二位的解釋為「被水蓋住」及「變泡泡」，占全體幼兒3.33%。

㈢糖變成水（16.67%）

在六十位受訪幼兒中，有十位幼兒認為糖已經變成水，即糖已變成另一種物質——水，占全體幼兒的六分之一。這些幼童對「溶解」的認知可能與「融化」的概念混淆，歸類其解釋包括：「像冰融化變成水」（占全體幼兒5%）、「變小後變成水」（占全體幼兒5%）、「就是變成水」（占全體幼兒6.67%）三類。

整體而言，大多數幼兒（五十位，六分之五）在受訪中提及「溶化」字眼（其中有三位提及「溶解」），但其中只有三十一位幼兒認為「糖仍在水裡面」。幼兒可能在生活中聽過成人提及溶化語詞，但未必真正理解溶化之意。

二、幼兒對溶解之另類思維

有關溶解的迷思概念可以從三個向度來看。第一個向度是「以冰融化來解釋溶解現象」，在受訪幼兒中有六分之一（十位）提及冰融化現象，可能的原因是「融化」與「溶化」同音；這十位幼兒中有五位認為糖仍在水裡，二位認為糖不在水裡，三位認為糖變成水。第二個向度是「提及熱或攪拌」，認為熱或攪拌是方糖溶解之重要條件；

在受訪幼兒中有四成五（二十七位）在論及方糖溶化看不到時，均會先提及熱或攪拌動作，好似熱或攪拌是導致方糖溶化變小、看不見之主要原因，有些幼兒甚至兩者皆提。這二十七位幼兒中有十五位認為糖仍在水裡，七位認為糖不在水裡，五位認為糖變成水。第三個向度是「無法對物質守恆」，包括糖不在水裡及糖變成水兩大類，約幾近全體幼兒四成；另外，幼兒雖對物質能持恆，但提出冰融化的另類解釋亦屬之（占全體幼兒 8.33%）。無論是第一個向度（以冰融化解釋）、第二個向度（提及攪拌、加熱）的現象均會顯現在物質守恆向度類別下，故此處以物質守恆向度呈現之，包括：另類解釋「糖不在水裡」、另類解釋「糖變成水」與以冰融化解釋「糖在水裡」。

㈠另類解釋「糖不在水裡」（21.67%）

幼兒的解釋分成四類：⑴消失不見、不知去哪？；⑵跑到空氣中或變成空氣；⑶跑到空氣中（或變成空氣）且提及冰融化；⑷其他。茲舉例說明之。

1.消失不見、不知去哪？（10%）

兔10：方糖變到熱水裡，攪拌之後慢慢就溶化了……方糖變到水裡……不見了……（邊搖頭邊說）方糖不在水裡……。

豚 6：方糖破掉了，小小的溶化了……就消失不見了，不知道去哪裡……。

2.跑到空氣中或變成空氣（5%）

角 6：方糖溶化以後被你攪拌過就變成小粉了……方糖像氣一樣的飛上天……因為它變成水蒸氣啦！……。

長11：方糖溶化了，溶化就是不見了……方糖跑到外面變成空氣了……。

3.跑到空氣中（或變成空氣）且提及冰融化（3.33%）

　　豆6：方糖溶化（融化？）了……溶化（融化？）就是冰塊或是
　　　　冰冰的東西融化了，因為熱熱溫度很高……方糖變成空氣
　　　　了……因為水沒有變多，所以好像變成空氣跑出來了……
　　　　方糖變成煙跑出去了，所以看不到……。

　　豆7：方糖被攪拌就不見了，放下去就溶化（融化？）了……溶
　　　　化就是那個冰塊擺太久就會融化……方糖跑到天空外面去
　　　　了……方糖滿屋子裡面亂跑亂跑，變成空氣了……冒煙帶
　　　　它去空氣裡面了……。

4.其他（3.33%）

　　豆2：方糖不見了，看不到……方糖變泡泡了……在水的旁邊……
　　　　方糖變成泡泡，跑到旁邊去，所以看不到。

（二）另類解釋「糖變成水」（16.67%）

　　　　幼兒的解釋分成三類：(1)以冰融化解釋（5%）；(2)變小後就自
然變成水（5%）；(3)就是變成水（6.67%）。茲舉例說明之（提供這
一類解釋的幼兒，很可能所使用的字語是「融化」，但由於幼兒無法
分辨國字，研究者無法確定究竟是溶化還是融化，因此轉譯稿只能以
「溶化」字語概括之）。

　　訪者：方糖怎麼啦？

　　長2：溶化。

　　訪者：那什麼叫做溶化啊？

　　長2：本來有點冰冰的碰到熱就融化了。

　　訪者：那方糖跑到哪裡去了？

　　長2：溶化（融化？），它「變成水」了。

訪者：現在老師把這個正方形的方糖丟到熱水裡面去喔，你幫我
看看會發生什麼事？

豚3：溶掉了。

訪者：現在呢？方糖怎麼了？

豚3：溶化了。

訪者：什麼叫溶化啊？

豚3：（無語）。

訪者：你看到了什麼？方糖發生了什麼事情，所以你知道他溶化
了？

豚3：因爲你把方糖丟到裡面去（指杯子），我就看到方糖一塊
一塊掉下來了。

⋮

訪者：你是說我把方糖丟進去，因爲方糖會溶化……。

豚3：然後「變成水」，只看到水沒看到方糖。

訪者：方糖怎麼啦？

長3：溶化掉了。

訪者：那什麼叫做溶化啊？

長3：就「變成水」。

訪者：那方糖到哪裡去啦？

長3：「變成水」了。

⋮

訪者：是跑到水裡嗎？（指杯裡的水）

長3：不是。

訪者：那是什麼意思？

長3：「變成水」。

㈢以冰融化解釋「糖在水裡」（8.33%）

有小部分幼兒雖然能對物質守恆，認為糖仍存在於水中，但是在說明時卻提及冰融化現象，混淆冰融化與溶解現象。

兔2：溶化了（看著水杯）。

訪者：那什麼是溶化啊？

兔2：溶化的東西就會慢慢消失，像冰塊不是很冰嗎？放到溫水
　　　裡就會慢慢不見了，就是融化。

訪者：你剛剛有沒有看到我把東西丟到水裡面？

兔2：有，它就慢慢碎掉，然後不見了。

訪者：那方糖跑到哪裡去啦？

兔2：還在裡面，可是小小的（看著水杯，手指杯裡的水）。

訪者：方糖怎麼啦？

長12：溶化掉了（挺身往前看著杯子）。

訪者：什麼叫溶化啊？

長12：就像冰塊遇到很熱很熱的水，它就會自己融化。

訪者：你覺得方糖跑到哪裡去了？

長12：它溶化（融化？）了。

訪者：溶化到哪裡？

長12：溶化（融化？）到水裡面（身體往前傾，看著杯子）。

訪者：那為什麼我看不到方糖呢？

長12：因為那個熱水已經把它溶化（融化？）掉了。

訪者：你說熱水把方糖溶化掉的意思是方糖也變成這種熱水，還
　　　是說它溶化到水裡，只是看不到了？

長12：溶化（融化？）到水裡只是看不到了。

第三節　幼兒蒸發概念之研究發現

為了解幼兒對蒸發現象的認知，本研究以二個測試情境詢問幼兒的理解情形。第一個情境是請幼兒回答晒於太陽下的溼衣服變乾了，衣服中的水怎麼了？到哪裡去了？為什麼？第二個情境是準備酒精燈、石棉心網、三腳架、透明鍋，當幼兒的面燒開鍋中的水並讓其完全蒸發，然後詢問幼兒鍋中水怎麼了？到哪裡去了？為什麼？（參見圖3-3-1）最後以六張繪有水到哪裡去的圖卡，請幼兒選擇以確認幼兒的答案（參見圖3-3-2）。

圖 3-3-1　沸點狀況下水蒸發訪談情境示意圖

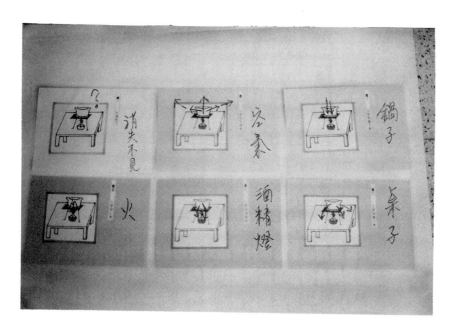

圖 3-3-2　沸點狀況下水蒸發訪談情境中水之去向指認示意圖

一、幼兒對蒸發之認知概況

　　六十位幼兒於蒸發測試情境中所做的回答，經分析整理如表 3-3-1 所示，茲就陽光下蒸發與沸點下蒸發，分別說明幼兒的認知，尤其是蒸發後水的存在狀態。

表 3-3-1　幼兒於「蒸發」訪談情境之表現統計表

解釋類型	統計項目	測試 I 陽光曝晒下的水蒸發		解釋類型	統計項目	測試 II 沸點狀況下的水蒸發	
		答案次數	百分比(%)			答案次數	百分比(%)
合理解釋 (11.29%)	蒸發、蒸發構成雲	7	11.29	正確答案（跑入空氣中 25%）	合理解釋（蒸發、變水蒸氣）	6	9.38
迷思解釋 (74.2%)	跑到太陽裡	20	32.26		其他（未解釋、另類）	10	15.63
	跑到地面上	12	19.35	不正確答案（迷思解釋）(75%)	跑入酒精燈裡	32	50.00
	跑到雲裡	1	1.61		跑入火裡	6	9.38
	跑到其他	9	14.52		跑入鍋子裡	5	7.81
	水變成雲	2	3.23		跑入其他	4	6.25
	水變成空氣	2	3.23		消失不見	1	1.56
不知道（14.52%）		9	14.52	總　計		64	100
總　計		62	100				

備註：幼兒總數 60，少數幼兒提供兩個以上答案。

(一)陽光曝晒下的水蒸發

　　當幼兒被問及衣服中的水跑到哪裡去時？屬於較為合理解釋的答案，占總答案數之 11.29%，其解釋多提及「蒸發」或「水蒸氣」，或提及「蒸發後構成雲」的現象。此外，有 14.52%（九位）幼兒無法回答或回答不知道。占總答案數 74.2%的幼兒另類答案包括：「水跑到太陽裡」、「水跑到地面上」、「水跑到雲裡」、「水跑到其他地點」（如：烘衣機、衣服、海裡……等）以及「水變成雲」、「水變成空氣」等。其中又以回答「水跑到太陽裡」的答案數為最多，占答案總

數的 32.26%；其次為「水跑到地面上」，占總答案數的 19.35%。對於九位回答不知道的幼兒，可能的原因是衣服真的乾了，看不到水，因此幼兒認為水是消失不見了，也有可能是幼兒真的不知道水跑到哪裡。整體而言，對於陽光下的蒸發，大多數的幼兒已具有物質守恆觀，認為水是存在的，但大部分幼兒對水的去向多持有另類觀點。

㈡沸點狀況下的水蒸發

當問及鍋中的水跑到哪裡去，認為水跑到空氣中的正確答案，占幼兒答案總數的 25%。其中六個答案能以蒸發、變水蒸氣等合理解釋水的去向，占總答案數的 9.83%，十個答案未提出解釋或另類解釋水跑入空氣中，因此不是真正理解。

占總答案數 75% 的錯誤答案中，僅有一位幼兒回答水消失不見了，其餘幼兒的另類回答可歸納為：「水跑到酒精燈中」、「水跑到火裡面」、「水跑到鍋子裡面」及「其他」（如：水跑到石棉心網、三腳架、天空中……等）四類，其中以認為「水跑到酒精燈中」者最多，占幼兒答案總數的 50%。整體而言，對於沸點狀況下的蒸發，絕大多數幼兒雖已具有物質守恆觀，認為水是存在的，但仍有約九成以上的幼兒對水的去向持另類的概念。

確實有些幼兒無論在陽光曝晒下的水蒸發或沸點狀況下的水蒸發情境均能提出有關水的去向的較為合理解釋，其解釋多提及蒸發或水蒸氣，或蒸發變成雲。茲舉例說明之。

訪者：溼衣服裡面的水跑去哪裡呢？

角 6：被太陽的光也變成「水蒸氣」飛走了。

訪者：飛到哪裡？

角 6：飛到上面「結成雲」。

訪者：你剛剛有看到我把水倒進去對不對？

角6：（點頭）

訪者：你覺得水跑到哪裡了？

角6：水跑去上面了（手指上方）

訪者：上面是哪裡？

角6：天花板，因爲沒有把窗戶打開

訪者：如果我把窗戶打開呢？

角6：就會飛到外面。

訪者：外面哪裡？

角6：飛到外面「變成雲」。

- -

訪者：那晒衣服後溼衣服裡面的水跑到哪裡去了？

⋮

訪者：那是跑到太陽裡面嗎？

豚2：（搖頭）

訪者：不是，那是跑到哪裡？

豚2：跑到……「變成雲」。

⋮

豚2：很多很多水一起熱上去變成一朵雲，再很多水變成一大朵
雲（手做出雲的形狀）。

- -

訪者：那原來溼衣服裡面的水跑到哪裡去了，爲什麼衣服變乾了？

長6：「蒸發」到天上。

訪者：是指天上的雲嗎？

長6：「變天上的雲」了（點點頭）。

訪者：那有在太陽裡嗎？

長6：（搖頭）就是在雲裡。

訪著：好，我們倒進去的水有沒有什麼不一樣啊？

長6：有耶！（站起來看鍋子裡的水）

訪者：有什麼變化？

長6：不見了。

訪者：全部都不見了嗎？

長6：（點頭）

訪者：你剛剛有看到我把水倒進去嗎？

長6：（點頭）

訪者：那水不見了，水跑到哪裡了？

長6：蒸發到天上了（頭往上看）。

訪者：是指天空嗎？還是天花板上？

長6：天空上。

訪者：是一蒸發就馬上就跑到天空上嗎？

長6：（點點頭）

訪者：（請幼兒指認圖卡）

長6：跑到空氣裡。

訪者：是指這個嗎？（指圖二）

長6：（點點頭）

訪著：爲什麼水會跑到空氣裡？

長6：因爲蒸發到天上了。

訪者：蒸發到天上所以水就在空氣裡啊？

長6：（點點頭）

訪者：那空氣在哪裡啊？

長6：空氣就……（左右張望）看不到啊！

訪者：那溼衣服裡面的水跑到哪裡去了？

長13：就「蒸發」了。

訪者：蒸發到哪裡？

長13：「變成雲」。

訪者：所以你覺得溼衣服裡面的水就變成雲了對不對？

長13：對。

訪者：那你看看我們剛剛倒進去的水發生了什麼事？

⋮

長13：它會被蒸發。

訪者：真的嗎？

訪者：你剛剛有看到我把水倒進去對不對？

長13：對（點頭）。

訪者：那水跑去哪裡了？

長13：這裡（指酒精燈）。

訪者：（請幼兒指認圖卡）

長13：蒸發了。

訪者：蒸發到哪裡？到底是哪裡？（指六張圖）

長13：上面（手伸直指上方）。

⋮

訪者：可是你剛剛不是告訴我水跑到酒精燈裡面了嗎？（指酒精燈）

長13：可是我有不一樣的想法。

訪者：到底是不見了呢？還是跑到酒精燈裡？還是……

長13：不見了。

訪者：為什麼不見了？

長13：因為它到天空上去了（手伸直指上方）。

二、幼兒對蒸發之另類思維

㈠陽光曝晒下水的蒸發

　　幼兒在「陽光下的蒸發」測試情境中，對於水的去向的迷思類別有「水跑到太陽裡」、「水跑到地面上」、「水跑到雲裡」、「水跑到其他」（如：烘衣機、衣服、風、海裡……等）及「水變成雲」、「水變成空氣」等。其中以水跑到太陽裡及水跑到地面上的比例較高。茲將幼兒的回答舉例說明如下。

*1.*水跑到太陽裡（32.26%）

　　兔 8 ：溼衣服被太陽晒乾……水跑到太陽裡了……。

　　角 2 ：溼衣服要晒在外面或烘乾才會變乾……水跑到太陽裡了……。

　　長 5 ：溼衣服隔天就會乾，因為「水被太陽吸走了」……水跑到太陽裡了。

*2.*水跑到地面上（19.35%）

　　兔12：溼衣服被太陽晒乾了……水跑到地板上……。

　　長 2 ：溼衣服裡面的水乾掉了……流掉了……流到地上……。

　　角 1 ：溼衣服的水已經被太陽光晒乾了……水掉到地下的時候就慢慢溶化了……水跑到地板上了……。

*3.*水跑到雲裡（1.61%）

　　幼兒認為水跑到「雲」這個容器中，將雲視為一個容器。

　　兔 3 ：溼衣服被太陽晒乾了……水跑到雲裡……。

4.跑到其他（14.52%）

> 豚４：溼衣服的水被風吹走了，吹到風的肚子裡面……。

> 兔11：……溼衣服的水已經被太陽把它吸收掉了……吸到別的地
>
> 方去了……跑到烘衣機裡了……。

5.水變成雲（3.23%）

幼兒的回答中只提及「水變成雲」，並未多加解釋水為何會變成雲；與合理解釋「蒸發構成雲」之最大不同點在於：幼兒的回答並未提到蒸發現象或水蒸氣，也看不出其是否理解此一現象，故另歸為一類。

> 兔13：晒了以後乾的衣服裡面沒有水，水變成雲了。

6.水變成空氣（3.23%）

> 訪者：水跑到哪裡了？

> 豆６：水變成空氣跑掉了。

> 訪者：水跑到哪裡？

> 豆３：水變成空氣。

㈡沸點狀況下的水蒸發

幼兒在「沸點下的水蒸發」測試情境中，對於水的去向的另類想法有「水跑到酒精瓶中」、「水跑到火裡面」、「水跑到鍋子裡面」及「水跑到其他」（如：水跑到石棉心網、三腳架、天空中……等）四類，其中以「水跑到酒精燈中」占多數，另有一位幼兒認為水是消失不見了。茲將幼兒的回答舉例說明如下：

1.水跑到酒精燈裡（50%）

幼兒將酒精燈均稱之為「酒精瓶」，有半數幼兒認為水跑入酒精燈中。

訪者：那你告訴我水爲什麼會跑到酒精燈裡？

長1：因爲燒一燒，水就會掉下去。

訪者：爲什麼水會跑到酒精燈裡？

長5：因爲那個火把它燒到酒精裡面。

兔1：水跑到酒精瓶裡……因爲越來越燙，越來越燙，然後水怕
　　　燙就會跑到酒精瓶裡……。

豆3：水被燒到酒精瓶裡……因爲水本來就會跑來跑去，所以燒
　　　的時候就會跑下來，因爲水沒有爪子可以抓上來，所以就
　　　在瓶子下面了……。

角5：因爲火在燒，水就會跑到裡面。

兔7：因爲火會把它燒到酒精瓶裡。

豚11：因爲它從這邊燒（手指酒精燈蕊），它就會慢慢跑到瓶子
　　　裡去了。

角3：水跑到酒精瓶裡……因爲有燒火有熱空氣讓水跑到瓶子裡
　　　……。

豚5：水跑到酒精瓶裡……因爲有網子，而且這裡有管子（手指
　　　酒精燈的燈蕊），水會流下去……。

2.水跑到火裡（9.38%）

兔15：水被火滅掉了，跑到火裡……因爲我剛剛看到水一直往下，
　　　就跑到火裡了……。

豆8：水被火弄到別的地方去……被火吸乾了，水跑到火裡……
　　　水被火燙到就不見了……。

3.水跑到鍋子裡（7.81%）

兔9：水被火弄得熱熱，所以會溶化，跑到鍋子裡……。

角2：水跑到鍋子裡，然後變乾……因爲水被火燙到了……。

4.水跑到其他（6.25%）

兔12：水跑到這個（三腳架）和這個（石棉心網）東西上面……
因爲網子會吸水……。

兔17：水跑到這個（三腳架）裡面……因爲水會先掉到這個網子
（石棉心網）上，然後有時候會再掉到這裡（三腳架）
……。

另外，有部分幼兒（15.63%）雖然認爲水跑入空氣中，答案正確，
但持另類思考，並非真正理解水蒸發現象。

訪者：那爲什麼是跑到空氣裡面呢？

豚9：水被空氣吸收了。

訪者：因爲空氣會吸水，所以水跑到空氣裡面是不是？

豚9：（點點頭）

訪者：水去哪裡啦？

豆1：燒掉。

訪者：燒到哪裡？

豆1：溶化。

訪者：溶化到哪裡去？

……

豆1：跑到空氣裡。

訪者：哪一張？

豆1：（指圖二）

訪者：爲什麼水跑到空氣裡啊？

豆1：因爲水溶化了。

訪者：水溶化了就會跑到空氣裡是不是？

豆1：嗯（點頭）。

第四節　幼兒溶解與蒸發概念之結論

本章採臨床訪談法，以探討五歲幼兒的溶解與蒸發概念，茲將本研究結果與實徵研究文獻對照，歸納如下：

一、幼兒溶解概念

本研究發現在溶解概念方面，大多數幼兒使用溶化字眼，但未必具有正確概念。幼兒對於物質持恆的認知有三類——糖仍在水裡面（61.67%）、糖不在水裡面（21.67%）、及糖變成水（16.67%），能保留糖的存在性的幼兒有六成以上；而認為糖在水裡面並且能提出較為合理的解釋——變小塊、溶化於水，即真正具有物質守恆概念且對溶解有一些粗淺理解的幼兒，占全體幼兒的一半強（53.33%）。幼兒對於溶解的迷思概念有三個向度——以冰融化解釋溶解現象、認為熱或攪拌是溶解之必要條件、無法對物質守恆。這些迷思概念進一步可歸成三個類型：(1)另類解釋「糖不在水裡」——消失不見、不知去哪？跑到空氣中或變成空氣、跑到空氣中（或變成空氣）且提及冰融化、其他；(2)另類解釋「糖變成水」——以冰融化解釋、變小後自然就變成水、就是變成水；(3)以冰融化解釋「糖在水裡」。幼兒以冰融化解釋溶解現象，混淆溶解與融化概念與其他實徵研究結果相呼應（Driver, 1985; Ebenezer & Gaskell, 1995；黃寶鈿，民 79；王春源等，民 81）。另外，幼兒認為熱與攪拌是溶解的必要條件，也與其他實徵研究結果

相吻合（Prieto, Blanco & Rodriguez, 1989; Blanco & Prieto, 1997）。

二、幼兒蒸發概念

　　大多數幼兒在陽光曝晒下的蒸發及沸點狀況下的蒸發情境，表現物質持恆觀，認為水是繼續存在的，但對於水的去向能提出正確解釋者有限，即幼兒的答案中真正具有物質持恆觀且對蒸發有一些粗淺理解的比例，在陽光下蒸發情境約占一成多，在沸點下蒸發情境則少於一成。幼兒在陽光下蒸發情境所提出水的去向包括：(1)跑到太陽裡；(2)跑到地面上；(3)跑到雲裡；(4)跑到其他（風、烘乾機等）；(5)水變成雲；(6)水變成空氣。在沸點下蒸發情境所提出水的去向有四類，依次為：(1)跑入酒精燈中；(2)跑入火中；(3)跑入鍋子中；(4)跑入其他（石棉心網、三腳架等）。幼兒認為水跑到固體物中，如：跑到地板、鍋子、酒精燈中、石棉心網等，或跑到容器裡，如雲裡、太陽裡，與Bar（1987）及 Bar 與 Galili（1994）的研究結果相若，不同的是我國幼兒似乎對物質守恆有較佳的表現。

參考文獻

中文部分

王春源、郭重吉和黃曼麗（民81）。物質變化相關概念診斷測驗工具之發展。科學教育，*3*，241-264。

周淑惠（民87）。幼兒自然科學經驗：教材教法。台北：心理。

周淑惠主編（民91）。幼稚園幼兒科學課程資源手冊。台北：教育部。

林顯輝（民84）。國小兒童蒸發與凝結概念之研究。國科會專題研究成果報告。

張敬宜（民86）。國小高年級學童蒸發、凝結與沸騰概念之研究。科學教育學刊，第五卷，第三期，321-346。

張敬宜（民87）。教師對國小四年級學童蒸發、凝結與沸騰概念了解之研究。台北師院學報，*11*，453-472。

黃寶鈿（民79）。溶液相關概念之認知發展層次的研究㈡。國科會專題研究成果報告。

黃寶鈿、黃湘武（民79）。學生對溶液之沸騰及蒸發概念的認知模式。國科會專題研究成果報告。

簡美容（民90）。國小學童對溶解相關概念認知之研究。台北市：國立台北師範學院數理教育研究所碩士論文。

英文部分

Bar (1989). Children's views about the water cycle. *Science Education, 73*(4), 481-500.

Bar, V. & Galili, I. (1994). Stages of children's views about evaporation. *Inter-*

national Journal of Science Eucation, 16(2), 157-174.

Blanco, A. & Prieto, T.(1997). Pupil's views on how stirring and temperature affect the dissolution of a solid in a liquid：a cross-age study (12 to 18). International Journal of Science Education, 19(3), 303-315.

Driver, R. (1985). Beyond appearance: the conservation of matter under physical and chemical transformation. In R. Driver, E. Guesne & A. Tiberghien (Ed.), Children's ideas in Science. Buckingham, MK: Open University press.

Ebenezer, J. V. & Gaskell, P. G. (1995). Relational conceptual change in solution Chemisty. Science Education, 79(1), 1-17.

Fleer, M. (1993). Science education in child care. Science Education, 77(6), 561-573.

Osborne, R. & Freyberg, P. (1985). Learning in Science: the implications of children's science. Auckland: Heinemann Education.

Osborne, R. J. & Cosgrove, M. M. (1983). Children's conceptions of the changes of state of water. Journal of Research in Science Teaching, 20(9), 825-838.

Osborne, R. J. (1980). Some aspects of student's views of the world. Research in Science Education, 10, 11-18.

Piaget, J. & Inhelder, B. (1974). The children's construction of quantities. London: Routledge and Kegan Paul.

Prieto, T., Blanco, A. & Rodriguez, A. (1989). The ideas of 11 to 14-year-old students about the nature of solution. International Journal of Science Education, 11(4), 451-463.

Vygotsky (1986). Thought and language. Boston, Mass.: The Massachusetts Institute of Techonology.

第四章

幼兒之光與影概念

　　光、影與幼兒生活密切相關，無論是白天、夜晚均有光、影存在。白天時，幼兒在明亮的陽光下玩著踩影子的遊戲，累了就坐在樹下陰影處休憩；夜晚時，開燈照明，以去除黑暗與幢幢黑影，是生活必要行動。光、影信手拈來，捕光捉影已成為幼兒的最愛，在幼稚園中也有不少的光影活動。然而，幼兒心中的「光」、「影」究竟是什麼？與正式科學概念有否差距？此乃本章探討的重點。第一節將歸納當代實徵研究相關文獻；第二、三節則敘述本研究發現，分別報導幼兒之光、影認知概況與光、影另類思維；最後一節則綜合歸納實徵研究文獻與本研究結果。

第一節　光與影概念之實徵研究

一、光與影概念

　　光是在空間中，居於光源與它所製造效果之間的明顯實體，它是

直線前進的。根據 Guesne（1985）的研究，很少十至十一歲兒童具有「空間中的光實體」概念，他們通常將光視為等同於光源（如：燈泡、太陽），或等同於光源所製造的效果（如：陽光晒到室內的一隅）。換言之，兒童僅注意靜態定點的光源與效果，未能意識光的前進移動性。而他們對於影子，僅注意到物體與影子間的形狀相似，或似同於鏡中物體反射形象，但無法解釋影子是因光照射時，被物體擋住去路而形成的現象，對於光移動前進的概念是很陌生的；當被問及光是否會移動，兒童的回答不是光源的移動（如移動檯燈），就是效果的變化。十三至十四歲兒童已有明顯進步，只有少數會將光定義為光源或光的效果，他們已經會用空間中的移動實體來解釋影子，如：以「光照射出去」、「遇到物體」、「無法穿過」等語詞，來說明有障礙物阻絕了光的行進路徑，因此產生影子。

　　Rice 與 Feher（1987）探討九至十三歲兒童的光影概念，也發現有些孩子通常過分類化鏡子反射現象，認為任何實體能產生物體形象的，都是反射現象，因此影子即為反射的一種。又許多孩童認為「光」是形成影子的主因，光照射到物體，對物體發生作用，即成影子，例如 Feher 與 Rice（1988）曾臨床訪談八至十四歲兒童有關光、影的概念，兒童對於「什麼是影子？」的回答，有四種類型，其中以「光對物作用成影」的比例最高，約近半數（參見表 4-1-1）。

表 4-1-1　Feher & Rice（1988）影子研究發現

類　型	實　例	百分比（%）
光被遮擋成影	• 影子是黑的，光被遮擋無法照到。 • 東西把光擋住了，光無法透過。	27
光對物作用成影	• 太陽太熱了，像光束打在你身上，影子就從你身上出來。 • 光照射著你，你的影子跑到地上。	45
反射倒影	• 影子是你自己的反射倒影。	18
物體影像	• 影子是你的影像，它像你一樣。 • 影子像你自己的黑白照片。	10

　　又兒童在回答「黑暗無光處有影子嗎？」時，45% 兒童認為「有」，40% 兒童認為「沒有」，15% 兒童則認為「不知道，可能有吧！」。綜合以上之分析，可見多數兒童對於光及影子沒有正確概念。

　　在同一個研究中，Feher 與 Rice（1988）又分別在十字交叉燈管前放置一顆小珠子與一顆直徑二十公分的球，請兒童預測若打開燈後，在對面螢幕上會看到什麼？他們綜合兒童的預測及繪圖解釋，發現兒童心目中的影子是所謂的「激發促動模式」（trigger model of shadows），它有二個重要意涵──「再生具體的影子」（the reified shadow）以及「動態積極的光」（the dynamic light）。再生具體的影子是指兒童認為影子有很清楚的輪廓外形，占有空間、能移動，並且易於被推擠投射；基本上影子是附屬於物體的，從物體身上再生投射出去，如影隨形。動態積極的光是指兒童認為：(1)光使得物體產生或投射影子，它對物體與影子扮演積極強使角色；或者是(2)光能讓我們看到再生具體的影子，就此而言，它較之前者扮演一個較被動角色。綜合言之，在「激發促動模式」之下的影子是一個準物質實體，與不透明物有關，當光「擊照」到物體時，我們可以看到它被激發移動到螢幕上，

或被投射出去；從物體到螢幕，影子不是自行移動出物體，就是被光推擠投射出去；當它出現時，我們需要光去看影子，就好像我們需要光去看任何東西一樣。因此，Feher 與 Rice 的研究充分顯示，多數兒童不認為影子是沒有光、缺少光、光被遮蔽的，反而認為影子與光有密切相關，光使得物體產生或投射影子，或讓我們看到再生具體影子。簡言之，光對物體積極發生作用，產生影子，而且影子是屬於物體本身的，從物體身上再生投射出去。

　　Piaget（1930）是最早研究兒童影子概念的學者，他的重要結論也是影子具有物質特性。五至六歲的幼兒認為影子是源自於物體自身，會四處漫遊的一個物質，並且認為影子是活的、有生命的與有意識的。八、九歲的兒童才不再認為影子是活的物體，並且已發現光、影間關係，因此能正確預測影子總是出現在與光源相對的物體之旁。然而，對於光、影間因果關係則未必有正確的了解，他們可能還是認為物體在夜間仍舊會產生影子。基本上對幼兒而言，影子是屬於物體自身的。

　　我國王龍錫、林顯輝（民81）以觀察法、紙筆測驗、晤談方式對二年級學童之光、影概念加以研究，發現學童對光與影普遍存有迷思概念。首先對「光本質」的迷思概念乃將光源當作是光，且認為光不會移動但光源會移動。對「光路徑」的迷思概念為：(1)光走彎曲路徑；(2)光會照射但不會動；(3)光很強才會照射。對「影子」之迷思概念為：(1)光照到物體就有影子；(2)影子是物體的本性，只要有光就可看到；(3)影子是太陽的相對產物，只要有太陽就有影子；(4)影子是物體的一個映像；(5)影子是從太陽跑出來的。最後對「光的認知」觀點為：(1)光是亮亮的；(2)暗暗的就是沒有光；(3)有太陽、燈就是有光；(4)能看到東西就是有光；(5)有光就有影子。

　　郭金美（民84）則以文獻分析方式探討近年來國小學童光、影概念的相關研究，其重要結論有關「光之前進」為：(1)光即光源；(2)光並未在空間中移動；(3)光為整體之實質；(4)光前進有如隧道保持等寬

度。有關「影子」為：(1)影子是一種反射；(2)影子是物體之再生；(3)影子是光激發物體所生；(4)影子是比較暗的光（Shadow is darker light）。

二、小結

總之，對於光的認知，多數兒童將「光」與「光源」、「光照射的效果」等同視之，不認為光會移動，尚未具有「光是在空間中移動的實體」的概念。其次，多數兒童將光視為形成影子的主因，光對物體積極發生作用，即投射產生影子，而並非認為光被物體阻絕，因而「缺光」成影的現象。

對於影子的認知，除了認為影子是光所激發產生的，未能意識物體擋住光的行進外，多數兒童尚具有「具體再生」的影子認知，認為影子是屬於物體的，從物體身上再生投射出去的具體東西，因此影子通常具有物體的影像外形。兒童也常將影子與鏡子反射現象混淆，他們認為任何實體只要能產生物體形象的，都是反射現象，因此影子也是一種反射，它具有物體的影像。

整體而言，兒童的光、影概念是所謂的「激發促動模式」，是光（光源）激發、促動了物體，於是再生具體的影子，具有物體的形象。基本上，他們認為光是不會移動前進的，因此，尚未具有光在行進時遇到障礙物，被阻絕去路，於是在物體後面形成影子的影子概念。

第二節　幼兒「光」概念之研究發現

一、幼兒對光之認知概況

　　為了解幼兒對光的認知，本研究詢問幼兒二個問題，第一個問題，研究者先請幼兒以口語回答「光是什麼？」，第二個問題則是詢問幼兒「房間裡哪裡有光？」，請幼兒指認，前後兩個問題相互驗證，以充分了解幼兒「光」的概念。

　　當解釋「光是什麼？」時，幼兒的回答以光的效果之比例為最高，有四成幼兒著重於光（照射）所產生的效果，如：亮亮的、亮晶晶的；其次是光源；有四分之一以上的幼兒認為光是發光物，如：電燈、太陽等發光物；另外有二成以上幼兒則是認為光即發光物亦為光效（請參見表 4-2-1）。

表 4-2-1　幼兒解釋「光」是什麼之類型表

答案類別 統計項目	光產生 之效果	發光物	發光物 和效果	其他	不知道	總數
次　數	24	16	14	2	4	60
百分比（%）	40	26.67	23.33	3.33	6.67	100

　　當詢問其「房間裡哪裡有光？」時，六成以上幼兒指著（或回答）房間中的電燈、手電筒等發光物，亦有一成以上幼兒提及光（照射）所產生的效果，另約有二成以上幼兒則是發光物與光效二者皆提（請參見表 4-2-2）。

表4-2-2　幼兒說明房間中哪裡有光之類型表

答案類別 統計項目	發光物	光產生 之效果	發光物 和效果	其他	總數
次　數	38	7	14	1	60
百分比（%）	63.33	11.67	23.33	1.67	100

　　由以上統計結果可見，幼兒頗受感官知覺的影響，以直觀經驗來說明光是什麼。基本上，幼兒的光是靜態的發光物，以及光所製造的明亮效果，尚未形成「光是在空間中移動的實體」概念，無法意識光是會在空間中移動前進的。

二、幼兒對光之另類觀點

　　幼兒對於光的認知，不是發光物，例如：電燈、手電筒、太陽、溜溜球等；就是光所製造的明亮效果，例如：太陽晒到窗戶亮亮的、白天亮亮的、光把路照亮、亮晶晶的等；或者是光既是會發亮的東西，也是會製造明亮的效果。幾乎所有的幼兒具有迷思概念，尚未具有「空間中的光實體」概念，無法意識光的移動前進性。茲舉幼兒回答說明之。

㈠ 光是會發亮的東西

　　下例幼兒均認為光即是會發亮的物體，無論是在回答「光是什麼？」或「房間中哪裡有光？」，均是指光是會亮的東西。它包括了光源（如：太陽、檯燈等），也包括溜溜球、亮片、螢火蟲、星星等，因為這些東西都會發光。

訪者：好，請問萱萱光是什麼？

角1：光就是像太陽公公一樣，很亮很亮，就像手電筒和亮亮的東西，可以發光，不過有一些亮的東西要用電池。

訪者：那我們房間裡哪裡有光？

角1：有很多燈。

訪者：然後呢？

角1：燈裡面都裝了大大的電池。

訪者：然後呢？

角1：然後一開的時候，就會發亮。

訪者：老師要問你兩個問題唷，光是什麼？

豆2：光是太陽。

訪者：還有沒有？

豆2：會亮。

訪者：還有沒有？

豆2：電燈泡。

訪者：那房間裡面哪裡有光？

豆2：燈。

訪者：還有沒有？

豆2：YOYO 如果轉下去也會有光。

訪者：什麼是 YOYO？

豆2：溜溜球。

訪者：老師要問你兩個問題唷，光是什麼？

長13：光就是亮。

訪者：那房間裡面哪裡有光？

長13：電燈。

訪者：還有呢？

長13：檯燈。

訪者：還有呢？

長13：沒有了。

㈡光是光所製造的明亮效果

下例幼兒傾向認為光即光所製造的明亮效果，如：亮晶晶、亮亮的、很亮，以及窗外、天花板因受太陽、電燈照射而明亮。

訪者：光是什麼？

兔5：光就是亮晶晶。

訪者：還有呢？

兔5：光很亮。

訪者：還有呢？

兔5：光很像金色。

訪者：還有沒有？

兔5：光很像火焰。

訪者：還有沒有別的？

兔5：像電燈泡在亮。

訪者：還有沒有別的？如果沒有老師要問第二個問題囉。

兔5：好！

訪者：那房間裡面哪裡有光？

兔5：窗戶外面有光。

訪者：為什麼窗戶外面有光？

兔5：太陽照進來的光。

訪者：老師要問你兩個問題唷，光是什麼？

長9：光就是亮。

訪者：還有呢？

長9：（無語）

訪者：沒有啦，那房間裡面哪裡有光？

長9：天花板。

訪者：還有呢？

長9：窗戶。

訪者：爲什麼窗戶有光呀？

長9：因爲太陽在外面。

訪者：那天花板爲什麼會有光？

長9：電燈。

訪者：喔！那還有嗎？

長9：沒有了。

㈢光是發亮物，亦是光亮的效果

下例幼兒則認為光即是會發亮物，而且光也是亮亮的效果。以豆4幼兒為例，光既是會發亮的東西，而且光存在於窗戶周遭，因受太陽照射而明亮，以及電燈周遭，因電燈而明亮。

訪者：告訴姊姊什麼是光？

兔2：光就是「很亮」。

訪者：很亮，還有沒有什麼？

兔2：因爲有光所以早上亮亮的，沒有光，晚上暗暗的。

訪者：所以光是什麼？

兔2：光是太陽。

訪者：光是太陽？

訪者：教室裡哪裡有光？

兔 2：電燈。

訪者：還有沒有？

兔 2：窗戶外面。

訪者：老師要問你兩個問題唷，光是什麼？

豆 4：光是會發亮的東西。

訪者：然後呢？還有沒有？

豆 4：而且在暗暗的地方，如果有光，就會亮。

訪者：那教室裡哪裡有光？

豆 4：窗戶那邊。

訪者：喔！窗戶哪邊？

豆 4：因為太陽從外面晒進去。

訪者：還有沒有？

豆 4：還有你們放電燈的那邊。

訪者：光是什麼？

豚 9：電燈。

訪者：還有呢？

豚 9：太陽的光，會把路照亮。

訪者：還有呢？

豚 9：沒有了。

訪者：那現在教室裡哪裡有光呀？

豚 9：電燈。

訪者：還有呢？

豚 9：手電筒。

訪者：還有呢？

豚 9：太陽。

第三節　幼兒「影」概念之研究發現

一、幼兒對影之認知概況

　　在影子部分，首先是一個要求幼兒預測的情境，研究者將手電筒對著一個箱中置有 Snoopy 玩偶、箱側（2 號箱面）挖洞的洞口，朝箱內 Snoopy 照射，在打開手電筒開關前，請幼兒預測紙箱洞口對側（3 號箱面）會發生什麼事？（參見圖 4-3-1）其目的在了解幼兒是否意識影子的形成的情境要素──光源與遮蔽物。接著在打開手電筒開關後，請幼兒解釋在洞口對側箱面上為什麼會出現 Snoopy 影子，詢問其影子是怎麼產生的？前後兩個問題交叉驗證，以探究幼兒對「影子」的認知與理解（參見圖 4-3-2）。

　　當以手電筒對物體（箱內 Snoopy）照射，在打開開關前，請幼兒預測「會發生什麼事？」時，七成以上幼兒提及會出現亮光，意識到會出現影子的幼兒占全體幼兒的兩成多，似乎幼兒對光的注意多於影子，對於影子形成的情境要素較無法意識（請參見表 4-3-1）。打開開關後，繼之請幼兒解釋影子是如何形成的，提及 Snoopy 擋住了光的「物阻光成影」的合理解釋的幼兒有三成；具另類想法，提出迷思解釋的幼兒有半數以上，在訪談者引導下能選擇正確解釋的幼兒為一成；另有 6.67% 幼兒提出矛盾解釋（請參見表 4-3-2）。

圖 4-3-1　Snoopy 阻光成影預測情境示意圖

圖 4-3-2　Snoopy 阻光成影訪談情境示意圖

表 4-3-1　幼兒預測手電筒對物體照射之統計表

預測類別 統計項目	出現亮光	出現光與影	出現影子	其他	不知道	總計
次　數	44	7	6	2	1	60
百分比（%）	73.33	11.67	10	3.33	1.67	100

表 4-3-2　幼兒解釋影子如何形成之類型表

解釋類別 統計項目	迷思 解釋	合理解釋 （自行說出物 阻光成影）	懵懂解釋 （引導下的選 擇式解釋）	矛盾 解釋	總計
次　數	32	18	6	4	60
百分比（%）	53.33	30	10	6.67	100

　　所謂「矛盾解釋」是指幼兒的說明有部分是合理，有部分是不合理的，整體而言，前後是自相矛盾的。所謂「懵懂解釋」是指當幼兒的解釋模糊不清，或研究者聽不懂幼兒的真正意涵時，最後研究者提供 A 或 B 的答案，讓幼兒選擇他所認為的合理解釋，以確定幼兒的真意。基本上懵懂解釋型的幼兒最後選擇了正確的答案──物阻光成影，但觀其整個解釋過程，給人懵懵懂懂非真正理解的感覺，因此，是在研究者引導下選擇了正確的解釋，並非如合理解釋者般自行提供「物阻光成影」的解釋。而「迷思解釋」是幼兒的另類解釋，似是而非的另類想法。所謂「合理解釋」是指幼兒能自行說出，或意識到「Snoopy 玩偶擋住了手電筒的光」，於是形成影子。有三成幼兒提出合理解釋，茲舉幼兒實例說明之。

訪者：那你可以告訴老師嗎？爲什麼會有 Snoopy 的影子？

角1：因爲它站在中間，擋住光的照射，然後就會有影子出現，就像我們人類，大太陽照在我們身上，然後我們擋住太陽，就會有人的影子。

訪者：爲什麼會有 Snoopy 的影子？

長4：因爲它在那邊。

訪者：哪邊？

長4：中間，它擋住了光，所以就會有影子。

訪者：我這邊有一個箱子，如果我把手電筒放在2號的洞洞打開，你猜對面3號的箱面會發生什麼事？

豚13：會有光。

訪者：還有呢？

豚13：有可能不會有光，因爲它照的時候會照到 Snoopy，會穿不過去。

訪者：爲什麼照到 Snoopy 會穿不過去？

豚13：因爲假如這是一個 Snoopy，然後光照過去，光已經照到它了，就沒有辦法透過去。

訪者：被 Snoopy 擋住了？

豚13：對！

訪者：爲什麼會有 Snoopy 的影子？

長6：因爲 Snoopy 在這裡擋路。

訪者：擋誰的路？

長6：光的路。

二、幼兒對影之另類觀點

有五成以上的幼兒對於影子的形成具有另類想法，這些另類解釋以「光對物作用成影」為大宗（占總數 38.33%），其次為「光的謬思成影」（占總數 11.67%），另有極少數幼兒提到「反射、反彈成影」（請參見表 4-3-3）。

表 4-3-3　幼兒對影子形成之另類解釋類型表

另有類型 統計項目	光對物作用成影	光的謬思成影		反射、反彈成影	總計
		光繞過物體	光穿透物體		
個　　數	23	4	3	2	32
組內百分比（%）	71.88	12.50	9.38	6.25	100
總百分比（%）	38.33	6.67	5.00	3.33	53.33

(一)光對物作用成影（38.33%）

「光對物作用成影」是指光對物體積極發生作用，產生影子，當光照射到物體上，於是從物體身上再生投射出影子，它是屬於物體自身的。因此，光是形成影子的主因，它激發了影子，只要有光，就會有影子。基本上，幼兒並未意識或認為物體擋住了光的前進的「缺光」現象。幾近於四成的幼兒具有此一認知，茲舉幼兒實例說明之。

訪者：會什麼會有 Snoopy 的影子啊？

兔15：照它，它就有了。

訪者：誰照它啊？

兔15：手電筒照它。

訪者：手電筒照到誰？

兔15：（手指 Snoopy）

⋮

訪者：你告訴老師 Snoopy 的影子是怎麼出來的？

兔15：照它，它就會出來了。

訪者：影子是怎麼形成的？

豆2：影子是要有光照下去。

訪者：有光就會有影子是不是？

豆2：對！

訪者：那如果你是小老師你要怎麼告訴小朋友影子是什麼？

豆2：影子就是黑黑的。

訪者：然後呢？

豆2：手電筒照。

訪者：照誰？直接照就會有影子？

豆2：要照人，或者是太陽來的時候，站在那裡也會有影子。

訪者：影子是怎麼形成的？要有什麼東西才會有影子？

豆2：手電筒。

訪者：只要有手電筒就會有影子唷？手電筒一照就會有影子嗎？

豆2：還有太陽。

訪者：那怎麼樣才會出現你的影子在牆壁上？

豆2：有太陽、手電筒。

訪者：然後呢？照到誰？照到牆壁就會有你的影子嗎？

豆2：照到人。

訪者：然後呢？

豆2：就會有影子。

訪者：有 Snoopy 的影子，為什麼會有 Snoopy 的影子？

豚11：因為老師把它黏在這裡（手指 Snoopy 的位置）。

訪者：我把 Snoopy 黏在裡面，然後呢？

豚11：然後燈照就會有影子。

訪者：好！那你看喔，你可不可以告訴老師，影子是什麼？

豚11：影子就是，太陽一照，你的影子，影子就會出現。

訪者：太陽照誰啊？

豚11：太陽照人的時候，影子就會出現。

訪者：你告訴老師，影子是因為怎麼樣？3 號這邊會有影子？為
　　　什麼？

豚11：因為開起來，燈亮的時候，影子就會跑到這裡（3 號箱面）。

訪者：為什麼燈亮的時候 Snoopy 的影子就會跑到這裡？你可以告
　　　訴老師嗎？

豚11：因為燈開得很大的時候，Snoopy 的影子就會跑到這裡（3
　　　號箱面）。

訪者：那為什麼它會跑過去呢？

豚11：從這裡跑過去（手指 3 號箱面）。

訪者：那它要怎麼跑？

豚11：它（指著 Snoopy）在這邊站著的時候，影子就會跑過去（3
　　　號箱面）。

訪者：為什麼？我燈打開了，這邊亮亮的（Snoopy 身上），為什
　　　麼這邊（3 號箱面）就會有影子？

豚11：因為燈走過來，在這邊（Snoopy）的時候，然後這邊（3 號
　　　箱面）就會有影子。

訪者：爲什麼那裡會有 Snoopy 的影子呀？

兔9：被電燈照到。

訪者：電燈要怎麼照，你可以告訴老師嗎？

兔9：電燈要從這裡（手指2號洞）照過去，才會照出 Snoopy 的
　　　形狀。

訪者：那光是怎麼形成影子的？

兔9：手電筒照的。

訪者：照誰？

兔9：Snoopy。

訪者：然後呢？

兔9：因爲手電筒有照到 Snoopy，所以有 Snoopy 的影子。

訪者：那爲什麼我這裡是亮亮的，影子卻是黑黑的？光到底要怎
　　　麼走呀？

兔9：光這裡沒有黑色，但是它照的話，會有黑色。

訪者：爲什麼？

兔9：（無語）

訪者：爲什麼會有 Snoopy 的影子？

角3：因爲燈一照，然後後面就會有。

訪者：你說燈照 Snoopy，然後呢？Snoopy 的影子是什麼顏色？

角3：黑色。

訪者：爲什麼 Snoopy 的影子是黑色？Snoopy 不是黑色呀！爲什
　　　麼燈照就是黑色呢？

角3：不知道。

訪者：如果老師要做一個手的影子，要怎麼做？

角 3：光線。

訪者：然後呢？

角 3：照到自己的模樣。

訪者：然後呢？

角 3：然後這邊就會有影子，就慢慢做出來了。

(二)對光的謬思成影（11.67%）

「對光的謬思成影」是幼兒把焦點放在光線的行進方式，但卻是迷思想法，包括「光繞過物體」與「光穿過物體」二種謬思，二者皆不認為影子之產生是物體阻礙了光的前進之故。茲舉例如下。

訪者：好！那為什麼會有 Snoopy 的影子？

豆 6：因為它照到這個（手指 Snoopy），透過去就會有影子。

訪者：誰透過誰呀？

豆 6：光透過 Snoopy，然後就會有影子。

訪者：光照到 Snoopy，以後呢？

豆 6：就會透過去。

訪者：那光是亮的呀，為什麼透過去以後是暗的？

豆 6：因為它變影子啦。

訪者：那為什麼就會變暗暗的呀？

豆 6：白色本來就會變成黑色呀！

‧‧‧‧‧‧‧

豆 6：影子，就是站在亮亮的地方，就會有影子。

訪者：影子到底怎麼跑到這邊來的？影子是怎麼形成的？

兔 1：它先從這裡（手從手電筒一直比到 Snoopy）。

訪者：光從這裡走到 Snoopy，然後呢？

兔 1：然後走過去（用手指 Snoopy 兩邊）。

訪者：喔！你是說光從這邊走到 Snoopy，然後就分成兩邊走過去，就會出現 Snoopy 的影子？

兔 1：對！

訪者：光會轉彎？

兔 1：（無語）（點頭）

訪者：所以說光不是被 Snoopy 擋住囉？

兔 1：（無語）（點頭）

訪者：好！謝謝！

三反射成影（3.33%）

「反射成影」是指幼兒將影子與鏡子的反射現象混淆，基本上幼兒認為能產生物體形象的，都是反射現象，其實例如下：

訪者：為什麼會有 Snoopy 的影子？

豚 8：電燈照到它，然後反射過去。

訪者：照到誰？

豚 8：Snoopy。

訪者：怎麼反射呀？

豚 8：反射就是光從這邊（2 號箱面之洞口）到這邊（3 號箱面）。

訪者：你是說光打開，然後呢？

豚 8：照到米奇（其實是 Snoopy，但是小朋友口誤），然後到這邊（3 號箱面）。

訪者：喔！你是說光跑到 Snoopy 這邊，然後再跑過去唷？

豚 8：（點頭）它會打過來。

訪者：你說誰會打過來？

豚 8：燈。

訪者：它會打回去是嗎？

豚 8：它會打過來（手從 2 號洞口指到 3 號箱面）。

訪者：那你看唷，光是亮的，爲什麼到這邊影子是暗的？

豚 8：不知道（搖頭）。

訪者：你剛剛跟老師說會反射呀，到底是誰會反射？

豚 8：這個（手指 3 號箱面）。

訪者：紙會反射？紙會反射什麼？

豚 8：這裡（手指手電筒）如果有一個鏡子、玻璃的話，它會反射過去。

訪者：好！那老師問你唷，如果你是小老師，你要怎麼告訴小朋友影子是什麼？

豚 8：影子是「反射」的。

訪者：嗯？影子是什麼？

豚 8：當光把它照出來。

第四節　幼兒光與影概念之結論

本研究採臨床訪談法，以探討五歲幼兒的光與影概念，茲將本研究結果與實徵研究文獻對照，歸納如下：

一、幼兒「光」概念

首先，就「光」概念而言，本研究發現絕大部分幼兒對光的認知不是靜態的發光物，就是光所產生的明亮效果，或者既是發光物也是明亮的效果，幾乎是所有的幼兒具有這些迷思概念，「光會移動前

進」、「光是在空間中的移動實體」的概念尚未形成。此一研究發現與Guesne（1985）、王龍錫與林顯輝（民81）、郭金美（民84）等人的研究結果相呼應。國內學者王龍錫與林顯輝的研究對象是小學二年級學童，Guesne的研究則是小學中高年級（十至十一歲）學童，二者均發現兒童少具有「空間中的光實體」概念，而本研究對象是五歲大班幼兒，對於幾乎是所有幼兒將光等同於靜態的發光物或光效，研究結果是可以預期的。

二、幼兒「影」概念

其次在「影子」部分，本研究發現七成以上幼兒對於影子形成的情境要素，無法意識；在解釋影子是如何形成時，有三成幼兒能提出「物阻光成影」的合裡解釋，有五成以上幼兒對於影子的形成提出另類解釋，持另類想法。在另類解釋中以「光對物作用成影」為首，幾近於總數的四成，幼兒認為光是形成影子的主因，只要光對物體照射，就會再生物體的影子；其次是光繞過、穿過物體的謬思，另有極少數幼兒則持反射成影觀。以五歲幼兒的發展而言，本研究中幼兒的表現似乎比Rice與Feher（1987）研究中的八至十四歲學童的表現較佳，在本研究中有三成幼兒具「物阻光成影」概念，而Rice & Feher（1987）的八至十四歲學童中只有27%具此概念。此外，本研究約近四成幼兒認為影子是光激發物體所生，則呼應了 Feher 與 Rice（1988）的「激發促動模式」，也與我國王龍錫與林顯輝（民81），以及郭金美（民84）的研究結果類同。不過，本研究幼兒中具「反射成影」迷思概念的幼兒比例則較其他研究為少。

參考文獻

中文部分

王龍錫、林顯輝（民81）。國小學童光與視覺之概念發展研究。國科
會專題研究計劃成果報告（NSC81-0111-S-153-01-N）。

郭金美（民84）。學童光學概念認知模式及概念改變之教學。嘉師學
報，第九期，頁481-538。

英文部分

Feher, E & Rice, K. (1988). Shadows and anti-images: children's conceptions
of light and vision. II. *Science Education, 72(5),* 637-649.

Guesne, E. (1985). Light. In. R. Driver, E. Guesne & A. Tiberghien (eds.),
Children's ideas in Science. Buckingham: Open University Press.

Piaget, J. (1930). *The child's conception of physical causality.* London: Routl-
edge and kegan paul.

Rice, K. & Feher, E. (1987). Pinholes and images: children's conception of
light and vision, I. *Science Education, 71(4),* 629-639.

第五章

幼兒之空氣與熱概念

　　幼兒生活在大氣之間，每天呼吸著空氣，且有吹弄氣球的經驗，而空氣是看不見、無臭無味的物質，是無所不在的，幼兒對「空氣」的一般性質的理解情形為何？真的相信空氣是無所不在的嗎？在另一方面，幼兒於生活中也常聽到熱、熱浪、熱空氣等詞，而「熱」（heat）是能源轉換的過程，是一個相當抽象的概念，與「熱的」（hot）有別，幼兒的「熱」概念究竟是什麼？與正式科學概念相吻嗎？又溫度與量（體積）間沒有直接關係，例如：從熱水壺中倒出200c.c.與400c.c.於杯中，此二杯水的溫度是一樣的，不受量（體積）的影響，幼兒對於溫度與量（體積）關係的認知又是如何呢？本章即是針對幼兒的空氣與熱概念加以探討。第一節是分析當代實徵研究文獻，第二節是報導本研究有關幼兒空氣概念的發現，第三節則是呈現本研究有關幼兒熱概念的認知，第四節則綜合歸納實徵研究文獻與本研究發現。

第一節　空氣與熱概念之實徵研究

一、空氣概念

　　由於空氣的研究多為較大學童，且牽涉到粒子觀念，因此，此處只提及與空氣本質、存在性及質量守恆有關的研究。Piaget（1929，轉引自 Sèrè, 1986）做了許多臨床訪談，以了解孩子的想法。他發現孩子常用「空氣」來解釋夢、思考、靈魂等，換言之，孩童所認為的空氣似乎為非物質，或者是根本無法解釋它。從孩子的解釋中可以看出，孩子知道空氣是存在的，但無法看得見與摸得著。有些孩童將空氣與熱聯結，有些則將空氣與冷聯結。對於某些孩童，空氣是乾的，或使人、物乾爽；對於其他一些孩童，空氣是溼的，使人、物溼冷並充滿蒸氣；而對於絕大部分的孩童，空氣是傳送熱的一個方法。簡言之，兒童對於「空氣的本質」的認知深受知覺經驗的影響。Sèrè（1986）曾研究十一歲學童對於空氣的認知，亦發現其認知與學童生活中的風與空氣流動的經驗及思考有關，當談到空氣時，學童通常指涉電風扇與風。

　　Sèrè（1986）的研究亦探討了「空氣的存在性」，她分別以打開的容器、漏氣的輪胎、裝滿油的瓶子、有洞的起司，詢問學童有否空氣存在於其中，表現最好的是打開的容器，最差的是漏氣的輪胎，顯然有一些學童對於「空氣是到處存在的」，尚存有疑惑；又孩童判斷空氣的存在性是與自身的運動經驗有關，如：空氣已經進入容器，或者是空氣已經走了。我國張敬宜（2000）亦曾調查國小學童對空氣相關概念的認知，就「空氣的一般性質」測試項目而言，國小二年級學

童即有九成以上具有「空氣是無色、無味的氣體」、「空氣到處都有」以及「空氣占有空間」的初步概念,顯然我國學童的表現較佳。

Sèrè(1986)的研究重點除空氣的本質、存在性外,亦包含涉及空氣重量的守恆觀點,以及空氣壓力等項目。就守恆觀點而言,只有半數學生認為將空氣置於秤上,秤的重量會有變化,有些學生認為愈多空氣就愈輕,只有70%學童將較多空氣與較多質、多量聯結在一起。「空氣有質量」、「空氣是重的」對十一歲學童而言,似乎沒有什麼意義。整體而言,Sèrè的研究發現孩子的對於空氣的思考有幾項特徵:(1)非常關注日常生活中利用空氣物理特性的東西,但是這些日常知識與經驗並不足以帶來正確的空氣概念;(2)兒童的空氣思考取決於表象知覺;(3)兒童的思考亦強力受到生活中刻板印象的影響,如:到處皆有空氣、熱空氣上升,這些片面了解,反而導致錯誤;(4)學童對於空氣的觀點與其身體運動經驗強力相聯,如:空氣跑入、跑出;(5)孩子的思考在本質上是非常具有類比特性;有許多的泛靈推理與擬人思考,如:空氣會疲累等。

Stavy(1988,1990)對於四至九年級學童氣體概念的研究亦與Sèrè同,發現學童未具有守恆概念,多數七年級學童仍認為氣體沒有重量,或者氣體較其在液態或固態時為輕。此外,就空氣的本質而言,Stavy的研究也顯示學童不認為氣體是物質,因為它看不見。整體而言,學生對空氣的知識在七年級接受正式教學前,是頗為缺乏的,在接受教學後,學童才會視氣體為物質的一種狀態,並開始運用「粒子論」來定義氣體。

上述我國張敬宜(2000)的研究,除探討空氣的一般性質,發現低年級學童九成以上具有初步概念外,尚探討風的形成與作用、空氣的壓縮性、溫度對空氣的影響、空氣的組成、氣體的重量、二氧化碳的製造與特性、氧氣的製造與特性等。該研究結果顯示學童對於「空氣占有空間」概念的更深入了解,和「空氣流動成風」、「空氣壓力

的存在」、「空氣加熱則上升」、「空氣中有水蒸氣存在」、「不同氣體具有不同重量」概念的學習成果，是隨著年級的增加而有所提升。「空氣遇熱膨脹、遇冷收縮」概念對學童的學習是難度最高的、其次是「不同的氣體有不同的重量」、「空氣中有水蒸氣存在」與「空氣流動成風」。學童最熟悉的氣體是氧氣和二氧化碳。

二、熱概念

　　Albert（1978）對於兒童熱概念的發展有精湛的研究，她在訪談四十位四至九歲兒童後，發現兒童熱概念的十一種思考模式，這十一種思考模式又可歸納為六類，茲以表 5-1-1 說明如下。從表格中，吾人可以看出四至五歲幼兒以靜態語詞談論熱，熱被視為物質。稍微大些的幼兒，則將熱與自己扯上關係，直到大約八歲，孩子開始以空間與動態語詞描述熱，如熱氣上升、熱氣走了。八至十歲期間則開始建構溫度概念，對熱的理解才逐漸邁向科學之路。

　　Erickson 與 Tiberghien（1985）綜合實徵研究文獻，發現若當八至十二歲孩童被問及熱是什麼，即熱的本質時，孩子的回答通常與熱的東西、熱的來源、物體熱的狀況、熱對物體的效果，如：狀態變化、膨脹等聯結。Driver 與 Clough（1985）綜合研究文獻結果，指出幼童對於熱的概念為：(1)將熱視為一個物質；(2)無法分辨熱與溫度；(3)認為溫度與物體大小（或量）有關。

表 5-1-1　Albert（1978）之兒童熱概念十一種思考模式

類型	模式	說明或實例	年齡
I. 對「熱的物體」的探索與建構。	1. 以自己身體探索空間中的「熱的物體」。	在熱的物體如：火爐、太陽等四周探索移動。孩子常說××是熱的，××讓我覺得熱。	4-6
	2. 能分辨熱源與受其影響的物體。	孩子知道太陽等熱源讓天氣變熱，焦點從自己身體，轉移到熱源與受其影響物體。	5-6
	3. 熱是突然產生或結束的東西。	孩子說：「當你把烤箱打開，它就熱了，關掉就冷了。」	4-6
II. 熱是有條件性的（熱是一個物體在某些情況下的特性）。	1. 熱是基於有系統的計畫。	孩子有生火烤肉或預熱烤箱的經驗，知道產生熱是有程序步驟的行動。	7-8
	2. 熱是基於自己身體的活動。	孩子跑步一段時間，發覺身體變熱了。	8-9
	3. 變熱是一個很花時間的過程。	孩子理解變熱是一個過程，而且要花很長的時間。	8-9
III. 冷熱是同一向度。	熱與溫暖是同一向度的不同實例。	孩子可以分辨熱與溫暖的不同，當用手指碰觸熱的物體，孩子知道會被燙到，但是碰觸溫暖的物體，會覺得舒服。孩子理解冷、熱、溫暖是同一個向度下的不同實例。	8
IV. 對「熱是一個獨立實體」的建構。	1. 熱是被熱源開始與持續。	孩子知道將東西放入烤箱，只要插上插頭，就會發熱。	8
	2. 熱是空間中一個延伸的實體。	孩子提到熱時，都會提到空間用語，如：「你坐在火爐旁，你就會感到熱。」熱被視為會移動與活躍的，如：熱氣上來了。	8
V. 溫度概念的形成。	在調撥溫度之操作情境下建構熱的程度，即溫度。	孩子開始理解熱的程度、層次，因為受到生活經驗中調撥烤箱、冷暖氣溫度的影響。	8-10
VI. 機械能源是熱的一個來源。	熱可被機械活動所製造。	孩子理解機械活動與熱的產生兩者間之關係，如：腳踏車騎久了就會變熱。	8.9

我國郭重吉（民80）綜合文獻，亦發現學生將熱視為一種物質，其另有架構有：(1)熱是一種像空氣、水蒸氣或煙一樣的物質，可以自由進出物體或上升；(2)熱是一種流體，具有某些物質的特性；(3)熱是一種物質，具「冷」與「熱」兩種型式，而且可以相互混合。郭重吉（民80）對國中生熱與溫度概念的研究中發現，國中生認為熱像一種氣體，由熱氣和冷氣組成。又謝秀月與郭重吉（民80）探討師院大一生及小六生之熱與溫度概念，發現學生常見的另有架構為：(1)熱乃實體物質的架構；(2)熱即溫度的架構。許民陽（民81）等對國小四年級學童的冷熱及溫度概念加以研究，有關「熱的本質」部分，學童的回答多與熱的物質、熱的感覺聯結，對於冷熱概念主要以身體感覺為主，極少想到儀器（溫度計）測量的結果。盛承堯、劉德明（民84）發現山地兒童（三至六年級）對冷熱的理解主要是聯想，而其聯想傾向是熱為靜態的擬體、與實物結合或自身的熱感覺經驗，寄託於感覺或實體，對於熱的抽象意義未能理解；基本上，兒童的「熱」，是「熱的」（hot）之意，而非「熱」（heat）。

因此，綜合文獻分析，有關熱的本質，大部分學童視熱為一種物質，與熱源、熱的感覺聯結，尚未形成溫度概念，而且認為「溫度和物體的量有關」。Erickson（1979）曾臨床晤談六至十三歲孩童的熱與溫度概念，發現孩子將熱視為像空氣或熱蒸氣的一種物質，它能流入、流出物體，或聚集在一個物體之內。「熱是像氣體一樣的物質，可以流進、流出物體，或聚集在物體」的觀點，也發現在上述郭重吉的研究中與 Tiberghien（1980）的研究中。Tiberghien 所探討的是十二、十三歲的孩童，有些孩童也使用熱蒸氣或煙去描述熱。熱既可流進、流出與聚集在一個物體之內，一個物體的溫度則是那個物體所擁有的冷或熱的混合結果，在某些時候，它只是測量那個物所擁有的熱的量。因此較小的孩子會認為瓶子若倒出部分水後，水溫會下降；或者是當二瓶水倒在一起，最後的溫度是將原來的兩瓶水溫相加，例如，兩杯

同量水，一杯 20℃，一杯 40℃，大部分兒童會說最後溫度是 60℃。

「溫度與物體的量有關」也發現於 Appleton（1984）八至十一歲學童的研究中，兒童通常認為體積較大的，其熱或冷的量較多。我國陳文典、劉德生（民 83）探討國小一、二年級學童對溫度與物質量是否有關係的看法，研究者在一大桶水中取出一杯水來，讓兒童比較兩者溫度高低，認為兩者溫度一樣的一年級生為 20/35，二年級生為 31/34。第二個測試情境為一杯水 10℃、一杯水 10℃，兩杯混合在一起，結果溫度是多少？認為溫度不變的一年級生為 11/35，二年級生為 21/34。可見我國有不少低年級學童認為溫度與物體量或體積相關。

三、小結

大部分學童都知道空氣是摸不著、看不見，對空氣的本質有一些了解。然而正因為它看不見、摸不著，所以學童不認為空氣是一種物質。大部分學童也都知道「空氣到處存在」，但是以各種實物詢問他是否有空氣時，仍會有一些疑惑。又大部分學童認為氣體沒有重量，或者是比它在液態、固態時輕，或者是愈多空氣就越輕。顯然他們的空氣概念深受日常生活經驗的影響，在生活中確實是物體，如：救生圈充飽氣後，就浮得愈好，球灌飽氣，就跳得愈高，彈得愈好。

「熱」是能源轉換的一個過程，是一個很抽象的概念，大部分學童則將熱當成一種物質（如：熱的物體、熱源、熱氣等）、一種感覺（熱的感覺）、一種情境（熱的情境），對於熱的抽象意義未能理解。其次，學童也無法分辨溫度與熱的不同，溫度概念的開始形成約要等到十歲左右。此外學童也認為溫度與物體的量（體積）有關，通常大杯的熱水比小杯的熱水，溫度較高。

第二節　幼兒空氣概念之研究發現

一、幼兒對空氣之認知概況

　　為了解幼兒的空氣概念，本研究以二個測試情境探究之。第一個是有關「空氣一般性質」的情境，第二個是有關「空氣存在性」的情境。在空氣性質情境裡，研究者當著幼兒面吹漲一個氣球，問幼兒氣球裡有什麼東西？這個東西的顏色、形狀各是什麼？然後將氣球當幼兒面放氣，問幼兒氣球裡有什麼東西跑出來？這個東西的顏色、形狀各是什麼？最後請幼兒口語說明「空氣是什麼？」，以總結幼兒對空氣性質的認知。在空氣存在性情境裡，研究者拿出瓶子、吸管、紙盒（參見圖5-2-1），一一詢問幼兒這些東西裡面有沒有空氣？並加上鼻子、嘴巴、耳朵裡面，以及桌子底下，以探究幼兒對「到處都有空氣」的實際認知。

圖 5-2-1　物體中是否有空氣存在之判別示意圖

㈠空氣之性質

在空氣的性質測試中，95%的幼兒都知道吹漲的氣球裡面有空氣，96.67%的幼兒知道空氣沒有顏色，90%的幼兒知道空氣沒有形狀。將氣球放氣讓幼兒觀察，有86.67%的幼兒認為有空氣跑出來，11.67%的幼兒認為有風跑出來；另98.33%的幼兒認為空氣是沒顏色，93.33%的幼兒認為空氣是沒有形狀。顯示絕大多數幼兒了解吹漲氣球裡有空氣存在，它是沒有顏色、沒有形狀的（參見表5-2-1）。

表 5-2-1　幼兒對吹漲與放氣中的氣球裡面的物質特徵之統計表

回答項目／統計項目	預測部分（吹漲氣球）								
	氣球裡有什麼？			顏色			形狀		
	空氣	風	其他	沒顏色	同氣球顏色	咖啡色	沒形狀	同氣球形狀	一大片
次　數	57	2	1	58	1	1	54	5	1
百分比 (%)	95.00	3.33	1.67	96.67	1.67	1.67	90.00	8.33	1.67

回答項目／統計項目	實證部分（將氣球放氣讓幼兒觀看）								
	氣球裡有什麼？			顏色		形狀			
	空氣	風	其他	沒顏色	白白的	沒形狀	跟氣球一樣	一大片	滑滑的	泡泡的形狀
次　數	52	7	1	59	1	56	1	1	1	1
百分比 (%)	86.67	11.67	1.67	98.33	1.67	93.33	1.67	1.67	1.67	1.67

接著請幼兒口語解釋「空氣是什麼？」，分析其答案有四大類型：以所知覺的「空氣的特徵」說明，以「空氣的功能」解釋，認為空氣就是「風」或提及風，或舉實例以資說明，其百分比分別為32.26%、27.96%、11.83%、5.38%。另有16.13%的答案與空氣較無關係，歸類為其他，另有 6.45%的回答是不知道。其中以空氣的特徵與空氣的功能二種解釋占絕大比例。整體而言，幼兒大體理解空氣的一般性質，但若要其以口語解釋什麼是空氣時，約只有三成多幼兒答案提到所感受到的空氣的一般特徵，其餘答案，頗受生活經驗與感官知覺的影響，以所感受到的空氣的功能、風與舉實例來解釋空氣是什麼（參見表5-2-2）。

表 5-2-2　幼兒解釋空氣是什麼之類型表

回答項目	空氣的特徵									空氣的功能					空氣即風	舉實例說明			其他	不知道	總計
	看不到	必須用袋子裝	沒形狀	拿/摸/抓不到	涼涼的	白色	聞不到	空心的	飄飄的	呼吸	沒空氣會死	吹氣球	頂東西	搧風	風	人吹出來的氣	風吹出來的	風扇吹出來的			
次數	11	4	3	3	3	3	1	1	1	12	7	5	1	1	11	3	1	1	15	6	93
%	11.83	4.30	3.23	3.23	3.23	3.23	1.08	1.08	1.08	12.90	7.53	5.38	1.08	1.08	11.83	3.23	1.08	1.08	16.13	6.45	100
總次數百分比(%)	30 (32.26)									26 (27.96)					11 (11.83)	5 (5.38)			15 (16.13)	6 (6.45)	93 (100)

三成多的答案以感受到的空氣的特徵來解釋空氣是什麼，如：看不到、摸不著、沒形狀等。舉例言之，豆 7 幼兒說：「空氣是看不到的東西。」；長 2 幼兒說：「空氣看不見。」；長 5 幼兒說：「空氣是看不見的東西。」；兔 8 幼兒說：「空氣是看不到的、拿不到。」；

豚 2 幼兒說：「你看不到，而且手抓不到，要用袋子才能抓，裡面才有空氣。」、「空氣是沒有味道。」；豚 3 幼兒說：「空氣看不到，然後也摸不到，也沒有形狀，也看不到、抓不到，也聞不到。」。但有一些空氣特徵的答案比較另類，如空心的、飄飄的，還有些幼兒誤認空氣是白色的。

㈡空氣之存在性

許多幼兒並不認為空氣是「無所不在」的，有八成五的幼兒認為鼻子裡有空氣，是指認比例最高的，因為幼兒認為鼻子是呼吸器官，所以有空氣存在其中；同是器官的嘴巴與耳朵裡，分別只有 65%、31.66%的幼兒指認有空氣。整體而言，指認比例較低的是吸管中（35%）、紙盒裡（33.33%）與耳朵裡（31.66%），分別皆只有三成多的幼兒認為有空氣存在其中（參見表 5-2-3）。

表 5-2-3　幼兒指認實物中是否有空氣存在之統計表

統計項目 ＼ 測試項目	鼻子裡	嘴巴裡	有蓋的瓶子	無蓋的瓶子	桌子下	吸管中	紙盒裡	耳朵裡
次數	51	39	36	24	23	21	20	19
百分比（%）	85.00	65.00	60.00	40.00	38.33	35.00	33.33	31.66

二、幼兒對空氣之另類思維

㈠空氣之性質

幼兒對空氣性質的解釋，除了「空氣特徵」解釋中有一些另類答

案（如：白色的、空心的、飄飄的）外，亦有幼兒以生活中所經驗之「空氣的功能」、「空氣即風」解釋什麼是空氣。另外有些幼兒則舉出實例說明空氣是什麼。

1. 空氣的功能（27.96%）

有關空氣的一般性質部分，約近三成的幼兒答案以空氣的「功能」來解釋空氣是什麼，其中以呼吸、沒空氣會死的占多數。茲舉幼兒實例如下。豆1幼兒說：「空氣就是用來讓人呼吸的東西。」；豆7幼兒說：「它會讓鼻子呼吸，鼻子裡面的氣都會吸起來，然後把氣弄出去。」；兔6幼兒說：「空氣是要呼吸的。」；角5幼兒說：「空氣是我們呼吸的空氣。」；豚11幼兒：「空氣就是給我們呼吸的空氣。」、「鼻子裡面沒有空氣的話，會死掉。」；豚7幼兒說：「空氣最重要，因為沒有空氣，可能會死掉。」再舉角1幼兒對話如下。

訪者：假如妳今天是大班的小朋友，妳要告訴弟弟妹妹說空氣是什麼？妳會怎麼跟他說？

角1：空氣是一個很重要的東西。

訪者：很重要的東西。

角1：因為這樣子我們人類才會繼續活下去。

訪者：嗯。

角1：空氣跑到我們鼻孔的這個洞洞裡，就是幫我們換氣。

訪者：換氣？

角1：對！讓我們身體裡的氣都換掉，然後都換上新的氣，然後就會一直活下去。

此外，以功能來解釋空氣是什麼，尚包括空氣可以吹漲氣球，如：豚11幼兒說：「空氣就是你可以吹氣球，把它吹大。」。

2.空氣即風（11.83%）

約近一成多的幼兒以「空氣即是風」來解釋空氣是什麼。如：豆6 幼兒說：「空氣跟風一樣啊！空氣就是風啊！」。茲舉角 4 幼兒對話如下：

> 訪者：那如果有一個小班的弟弟跑過來問：「惠惠姊姊，空氣是
> 　　　什麼？」妳會怎麼告訴他？
> 角 4：我會說，因為空氣是不會看得到的。
> 訪者：空氣是看不到的，然後呢？
> 角 4：然後空氣只是風。
> 訪者：空氣只是風，那它跟風一樣嗎？
> 角 4：一樣。
> 訪者：空氣跟風一樣是不是？
> 角 4：因為兩個都看不到。
> 訪者：還有嗎？空氣是什麼？
> 角 4：（無語）

3.舉例說明（5.38%）

另有 5.38%的幼兒則舉出實例說明空氣是什麼？例如：兔 1 幼兒說：「空氣是大風吹來的」，認為風中含有空氣。又兔 10 幼兒認為嘴中有空氣，吹氣球時，氣就會跑出來。

> 訪者：那妳幫我想想看喔！今天有小班的弟弟妹妹來，他問我說
> 　　　空氣是什麼？那我要怎麼告訴他？妳教教我。
> 兔10：空氣是那個……
> 訪者：怎麼樣？空氣是什麼？
> 兔10：就是說，是那個什麼，就是吹出來的氣啊！我們拿氣球的

時候啊！我們吹氣球的時候，□□□那個氣就會跑出來，然後氣球就吹開了。

訪者：嗯！然後呢？還有沒有，還有沒有？

兔10：（搖搖頭）

4.其他（16.13%）

有些幼兒解釋空氣是什麼似乎與空氣無關，因此歸類為「其他」。例如：長6幼兒說：「空氣就是水蒸氣。」；角2幼兒說：「空氣是雲、空氣是水泡。」；長13幼兒認為空氣是「雲」，也是「水」，「因為它會蒸發，就變成空氣了。」。

(二)空氣之存在性

有關空氣的存在性，以耳朵裡的指認率最低（31.66%），次低的是紙盒裡（33.33%）、吸管中（35%）、桌子下（38.33%）、無蓋的瓶子（40%），鼻子裡的指認率最高（85%）。幼兒多認為鼻子是呼吸器官，所以有空氣，耳朵不是呼吸器官，或者耳朵被耳屎堵住了。幼兒回答為什麼鼻子和嘴巴裡有空氣，而耳朵裡無空氣的實例如下：

長6：因為耳朵不能呼吸。

長8：因為耳朵沒辦法呼吸。

長1：因為嘴巴可以呼吸，鼻子也可以。

角9：因為鼻子可以呼吸。

角6：因為耳朵的洞太小，擠那麼多空氣不行。

角4：因為鼻子跟嘴巴都是會呼吸的地方，耳朵不會呼吸；耳屎堵住了，風跑進去，氣就會被耳屎打出來。

長12：因為那個耳屎把我的耳朵塞住了。

　　幼兒指認有蓋的瓶子有空氣存在的百分比為 60%，高於無蓋的瓶子（40%）、桌子下（38.33%）、吸管中（35%）、紙盒裡（33.33%），主要的原因是幼兒認為有蓋的瓶子，因為蓋子蓋住了，可以把空氣留置在瓶子中，不會跑出瓶外；而吸管、紙盒、無蓋瓶子等，因為有「洞」，空氣會流漏出去。

　　訪者：為什麼衛生紙盒子裡面沒有空氣？

　　豚 2：因為它會漏出去。（手指衛生紙抽取開口處）

　　訪者：喔！它會漏出去，那這個呢？（拿起吸管）

　　豚 2：這個有兩個洞洞。它會「咻」一下，就跑掉了。

　　訪者：這個瓶子為什麼沒有空氣？（手指無蓋瓶子）

　　兔16：沒有，它沒有蓋子，所以可以出來，它就跑掉了。

　　訪者：為什麼這些東西裡面，只有這個瓶子有空氣呢？（指有蓋瓶子）

　　豚 6：因為這個關住了（手指著瓶蓋）。

　　訪者：為什麼紙盒裡面沒有空氣呢？

　　角 3：因為風可以從這裡進去，再出來（手指衛生紙抽取開口處）。

　　訪者：那你幫我看看桌子下面有沒有空氣？

　　豆 6：沒有啊，它有洞。

　　訪者：它有洞，所以下面沒有空氣對不對？

　　豆 6：（點頭）

長12：因為空氣都會跑進裡面，然後把蓋子蓋上，裡面就會有很多空氣。

訪者：喔。

長12：因為這個（吸管）有兩個洞，空氣從這兩個洞跑出來。這個（紙盒）會漏出來，這個（瓶子）也會漏出來。

第三節　幼兒熱概念之研究發現

一、幼兒對熱之認知概況

㈠熱的定義

為了解幼兒對「熱」的概念，本研究以二個測試情境探究之。第一個測試情境是請幼兒口語回答「什麼是熱？」，第二個測試情境是探究幼兒對「溫度與物體量的關係」的看法。又可分為二個部分，第一個部分是從一大燒杯中分別倒出 100c.c.與 200c.c.水於二小杯中，請幼兒比較二杯水的熱度；第二個部分是在原 200c.c.小杯中倒出 125c.c.回大燒杯，請幼兒比較原 200c.c.與現在 75c.c.水的溫度，即倒水前後之溫度比較，這兩個部分測試情境均涉及體積（量）的變化。

分析幼兒解釋「熱是什麼？」的主要答案類型有四：熱的情境、熱的物質、熱的感覺、熱的來源，其百分比分別為 30.83%、27.07%、18.80%、16.54%，以熱的情境與熱的物質居首。以上統計顯示，幼兒對熱的認知多受感官知覺的影響，幼兒的「熱」是「熱的」（hot），把熱看成一種物質，聯想到熱的情境與感覺，並無法分辨與熱源的不同（參見表 5-3-1）；簡言之，尚未形成「熱」是「能源轉換過程」的抽象概念。

表5-3-1　幼兒解釋熱是什麼之類型表

統計項目＼回答類別	熱的情境								熱的物質			熱的感覺	熱的來源				其他（空氣等）	不知道	總計
	太陽照	流汗的時候	到室外玩、跑	衣物穿多、穿久	熱的天氣	煮東西	沒電風扇、沒風	其他	熱水、燙水	水蒸氣、煙	熱的東西	熱、燙、溫的	太陽	火	太陽的光	人造光源			
次數	13	8	4	3	3	3	2	5	18	10	8	25	11	6	3	2	8	1	133
百分比 (%)	9.77	6.02	3.01	2.26	2.26	2.26	1.50	3.76	13.53	7.52	6.02	18.80	8.46	6.02	2.26	1.5	6.02	0.75	100
總次數 百分比 (%)	41 (30.83)								36 (27.07)			25 (18.80)	22 (16.54)				8 (6.02)	1 (0.75)	133 (100)

㈡溫度與水量的關係

　　大多數幼兒認為冷熱溫度與物質的「量」（體積）有直接關係，幼兒於測試情境I——倒二杯不同量的水之溫度比較，其表現（43.33%）優於情境II——同杯水倒出部分其前後溫度比較的表現（31.69%），認為情境I、II無論是二杯的狀況或前後杯的狀況，水溫均相同的幼兒比例約只有二成多（21.67%）。然而，認為同溫度，而且能提出合理解釋的幼兒的比例則更少，只有一成的幼兒指出在二種情境下，水皆為同溫，且能合理說明為何是同溫，代表真正理解水溫與物質的量無直接關係。此一統計數字顯示大部分幼兒認為水的溫度與物體的量（體積）有關，量愈多（體積大），溫度就愈高（參見表5-3-2）。

表5-3-2　幼兒於同溫度不同量（體積）訪談情境中之表現情形統計表

回答情境＼統計項目＼測試情境		情境 I（倒二杯不同量的水，其溫度比較）	情境 II（同杯水倒出部分，其前後溫度比較）	情境 I & II
正確指認（同溫度）	次數	26	19	13
	百分比（%）	43.33	31.69	21.67
合理解釋	次數	16	9	6
	百分比（%）	26.67	15	10

二、幼兒對熱之另類思維

㈠熱的定義

1.熱的情境（30.83%）

　　幼兒解釋熱是什麼時，多以熱的情境（30.83%）答之。例如角 3 幼兒說：「如果穿外套會覺得這裡面太熱了。」；角 6 幼兒說：「熱就是太陽光照你的身體，然後會流汗就是太熱。」；長 4 幼兒說：「就是跑的時候會熱。」；兔 2 幼兒：「夏天的時候很熱」；豚 2 幼兒說：「很熱，太陽晒到你。喔，一直一直晒的話，就會很熱，很熱很熱像要被……快要……好像快要被燒掉一樣。」；豚 5：「沒開電風扇的時候。」。

2.熱的物質（27.07%）

　　有 27.07%的幼兒答案是以熱的物質來解釋熱是什麼。例如兔 4 幼

兒說：「會冒煙的東西。」；兔 5 幼兒說：「熱就是熱茶。」；兔 6：
「熱是燙水。」；兔 12 幼兒說：「熱開水。」；豚 11 幼兒說：「熱
的水。」；豆 6 幼兒說：「還有水蒸氣。」；長 11 幼兒說：「水蒸
氣。」；兔 10：「熱就是媽媽剛煮起來的東西，然後燙燙的。」。茲
舉角 1 幼兒在訪談中的對話說明之。

訪者：什麼是「熱」啊？

角 1：炒蛋。

訪者：喔！還有呢？

角 1：還有些吃的東西都是熱熱的。

訪者：吃的東西也都是熱熱的。

角 1：都是用煮的話。

訪者：都是用煮的話……

角 1：就會很熱……，會冒白煙。

3.熱的感覺（18.80%）

有 18.80%的幼兒答案認為熱就是熱的感覺，如：會燙燙的、熱熱
的、溫溫的。例如兔 2 幼兒說：「熱就是燙燙的，有時候很燙，很熱
的話，你摸下去的話，手會燙傷。」；兔 14 幼兒說：「熱熱的就是很
燙。」；豚 6 幼兒說：「熱是很燙。」；豚 11 幼兒說：「熱是熱的
水，還有很熱。」；長 1 幼兒說：「熱是溫溫的。」；豆 5 幼兒說：
「熱就是好熱好熱。」；長 6 幼兒說：「熱就是好燙、好燒。」；長
12 幼兒說：「熱就是燙，熱就是溫。」；兔 8 幼兒認為：「熱是很燙
的，會燙到人。」

4.熱的來源（16.54%）

有 16.54%的幼兒答案認為熱就是熱的來源；如：太陽、燈光、瓦

斯爐等。茲舉豚 4 幼兒在訪談中的對話說明之。

> 訪者：那玉珍想想看喔，熱是什麼？
>
> 豚 4：熱是太陽。
>
> 訪者：嗯，那還有沒有？熱是什麼？
>
> 豚 4：沒有了。

5.其他（6.02%）

　　有 6.02%的幼兒答案不屬於熱的情境、熱的物質、熱的感覺或熱的源頭，因此歸納為其他，如兔 5 幼兒：「熱是可口可『熱』。」。其中以認為熱是空氣為多，例如長 2 幼兒：「熱是空氣，因為它是太陽照下來的熱，熱的空氣，還有雲。」；豚 7 幼兒：「熱就是熱空氣。」；豚 13：「熱就是空氣。」；角 2 幼兒也認為：「熱是空氣。」。

㈡溫度與水量關係

　　至於有關「溫度與物體量的關係」，僅有約一成的幼兒認為溫度與物體的量沒有關係，其他幼兒具有迷思想法，認為水位高、量多就會比較熱，如兔 7 幼兒說：「因為水倒掉了，溫度也被倒掉了。」其他實例如下。

> 角 3：「因為水多的時候就熱，水少的時候就冷。」
>
> 角 7：「它的水比較少，剛剛的水比較高，所以高高的水比較熱。」
>
> 豆 7：「因為我覺得低點就沒有冒煙，就不再熱了。」
>
> 長 13：「因為太多水了，然後就會很熱。」
>
> 豚 1：「因為它剛剛是比較多的，所以會比較熱。」

豚2：「水高的時候比較熱。」

豆3：「因爲它的水位比較高，比較熱。」

兔5：「因爲比較多水，所以能量比較強。」

第四節　幼兒空氣與熱概念之結論

本章採臨床訪談法，以探討五歲幼兒的空氣與熱概念，將本研究結果與實徵研究文獻對照，歸納如下：

一、幼兒空氣概念

大部分幼兒理解空氣的一般性質，如：看不見、沒有顏色與沒有形狀，但若要其口語解釋，幼兒多以經驗或感覺到的空氣的特徵（如：看不見、抓不到等）、空氣的功能（如：呼吸、吹漲氣球）來加以說明，或者是以「空氣即風」、舉出實例來解釋什麼是空氣。其中以空氣的特徵來說明空氣，約僅占三成多。

對於空氣的存在性，許多幼兒並不認為空氣是無所不在的，有八成五幼兒認為鼻子裡有空氣，是指認率最高的，因為他們認為鼻子是呼吸器官；但只有三成多的幼兒指認耳朵裡、紙盒裡、吸管中有空氣，尤其以耳朵裡的指認率最低，因為幼兒認為耳朵不是呼吸器官，所以沒有空氣存在。

本研究發現幼兒對於空氣的一般性質——無色、無形狀等有一些初步理解，與張敬宜（2000）的研究發現相呼應，該研究發現國小二年級學童有九成以上具有「空氣是無色、無味氣體」、「空氣到處都有」以及「空氣占有空間」的初步概念。但有關於空氣存在性部分，本研究五歲幼兒相較則表現較差，約只有三成多的幼兒認為紙盒、吸管與耳朵裡有空氣。

二、幼兒熱概念

大多數幼兒解釋熱是什麼均指涉到熱的情境（如：太陽晒時、跑步時）、熱的物質（如：熱水、水蒸氣、煙）、熱的感覺（如：熱熱的、燙燙的）、熱的源頭（如：太陽、火、燈）等，把熱當成一種物質，聯想到熱的情境與感覺。因此「熱」（heat）對幼兒而言是「熱的」（hot），尚未形成「熱是能源轉換的過程」的抽象概念。

絕大多數幼兒認為冷熱溫度與物質的量（體積）有直接關係，只有一成幼兒不受物體量（體積）影響，認為不同量的水溫（熱度）是相同的，而且能提出合理解釋。

本研究發現與 Albert（1978）、Erickson 與 Tiberghien（1985）、Driver 與 Clough（1985）、郭重吉（民 80）等學者的研究結果頗為一致，兒童視熱為熱源、熱物、熱的情境與感覺。另外本研究發現兒童對「溫度與物質體積（量）的關係」持有迷思想法，兒童通常認為體積較大的，其溫度較高，與 Erickson（1979），Appleton（1984），陳文典與劉德生（民 83）等人的研究相呼應。本研究也發現部分兒童會以水蒸氣、煙、空氣去解釋熱，與 Tiberghien（1980）、郭重吉（民 80）、Erickson（1979）的研究結果一致。總之，五歲幼兒對於熱的抽象意義尚未能理解，兒童的熱是"hot"——熱的東西、感覺、情境等，非"heat"。

參考文獻

中文部分

張敬宜（2000）。大台北地區國小學童對空氣相關概念認知研究。科學教育學刊，第八卷，第二期，141-156。

盛承堯、劉德明（民84）。山地兒童自然科學概念的分析研究，國科會專題研究報告。

許民陽（民86）。國小四年級學童對於冷熱及溫度概念的研究。科學教育研究與發展，第七期，33-47。

郭重吉（民80）。國中學生熱與溫度概念的另有架構。彰化師範大學學報，第二期，435-463。

陳文典、劉德生（民83）。國小學童科學知能發展之研究（Ⅱ），國科會專題研究報告。

英文部分

Albert, E. (1978). Development of the concept of heat in children. *Science Education, 62*(3), 389-399.

Clough, E. E. & Driver, R. (1985). Secondary students' conceptions of the conduction of heat: bringing together scientific and personal views. *Phys. Education, 20,* 177-182.

Erickson, G.. L. (1979). Children's conceptions of heat and temperature. *Science Education, 63*(2), 221-230.

Erickson, G.. L. & Tiberghien, A. (1985). Heat and temperature. In R. Drive, E. Guesne & A. Tiberghien (eds.), *Children's ideas in Science.* Buckingham: Open University Press.

Sèrè, M-G. (1985). The gaseous state. In R. Drive, E. Guesne & A. Tiberghien (eds.), *Children's ideas in Science.* Buckingham: Open University Press.

Sèrè, M-G. (1986). Children's conceptions of the gaseous state, prior to teaching. *European Journal of Science Education, 8*(4), 415-425.

Stavy, R. (1988). Children's conceptions of gas. *International Journal of Science Education, 10*(5), 553-560.

Stavy, R. (1990). Children's conceptions of changes in the state of matter: from light (or solid) to gas. *Journal of Research in Science Teaching, 27*(3), 247-266.

第六章

幼兒之電路與齒輪概念

　　幼兒常有玩手電筒、提燈籠等的生活經驗，也常在玩具中與日常生活中看到各種電池、電線（如：遙控玩具、電動狗等）、或小燈泡（如：小夜燈），究竟這些東西對幼兒的意義是什麼？電池、電線、燈泡的組裝必須遵循一定的方式嗎？電流是如何在電池、電線、與電燈泡間流動的？以及幼兒的理解與正式科學觀點有無差距？均是頗值探討的問題。又幼兒的玩具中常見齒輪板組合、齒輪式的時鐘，以及生活中常用的腳踏車、攪拌器、開罐器等均是運用齒輪原理的簡易機械，究竟幼兒對齒輪的理解是如何呢？幼兒知道齒輪在什麼情況下才能運轉嗎？兩個咬合齒輪組的轉動方向、速度又是如何呢？以及幼兒的理解與正式科學概念是否一致？亦為頗值探究的問題。本章即是在探討幼兒的「電路」與「齒輪」概念，第一節綜合分析當代相關實徵研究文獻，第二節呈現幼兒電路概念的研究發現，第三節分析本研究中幼兒的齒輪認知，第四節則綜合歸納本研究發現與文獻分析結果。

第一節　電路與齒輪概念之實徵研究

一、簡易電路概念

　　對於電路概念最有研究的當推 Osborne 了，他曾經調查紐西蘭、英國與美國小學中高年級學童對簡單的電路與電流的認知，結果發現多數中高年級學童並未有期待中的科學觀點，他們持有另類想法。在一九八三美國的研究中，他提供二條電線，一個電池與一個燈泡，要求四十位八至十二歲學童組裝，使燈泡發亮，結果發現只有六位受測者讓燈泡發亮。半數以上學童所組裝的均為「單極模式」，也就是只用一條電線連接電池上端與燈泡底座，他們指稱不需要另一條線，或者是另一條線只是虛懸作用，如安全線般，或者是觸媒劑而已（參見圖 6-1-1）。當兒童操作後知道需要二條線才能使燈泡發亮，研究者繼請兒童說明電流的流動情形。結果四十位學童中有三十五位的解釋是所謂的「相衝模式」（the clashing currents model）；也就是電流由電池兩極同時流衝至燈泡，產生力量使燈泡發亮（參見圖 6-1-2）。剩下的五位兒童所提出的電流流動方式是所謂的「耗弱模式」（the attenuation model），亦即電流由電池一端流向燈泡，被燈泡消耗部分的能量，在電流回來的第二條線上，電流就變得比較小了，換言之，電流被耗弱了（Osborne, 1983; Shipstone, 1985; Tasker & Osborne, 1985）。

　　Osborne（1981; Tasker & Osborne, 1985）亦曾大量調查紐西蘭十至十八歲學童的簡單電路與電流概念，結果發現各年齡學童均同時存在單極模式、流衝模式、耗弱模式以及正確的科學迴路模式等各個模式。以十三歲學童為例，屬單極模式者約 5% 上下，屬相衝模式者約為 40%，

屬耗弱模式者約 30%，屬科學模式者約為 25%。其次就各模式中的單極模式而言，在各年齡層的百分比都在 5%左右或以下，十七、十八歲已為極少數。就相衝模式而言，各年齡層百分比在十二歲（約 40%）以後就逐漸持續下降，至十六、十七、十八歲，只有極少數學童具有此一認知。就耗弱模式而言，在十三歲（約 30%）上揚，至十五歲達最高峰（約 50%），之後就開始下降，至十八歲的近乎 20%。最後就正確的科學模式而言，從十三歲（約 25%）緩慢成長，至十五歲（約 30%以上）後開始大舉上揚成長，至十八歲約達 80%。由以上統計結果可知，十二、十三歲是關鍵成長點，此時相衝模式每年大幅下降，科學模式開始逐漸上揚、繼後大幅上升，而耗弱模式則上揚至十五歲

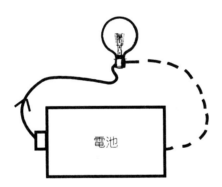

圖 6-1-1　電流「單極模式」圖

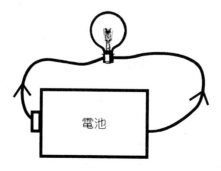

圖 6-1-2　電流「流衝模式」圖

高峰就大幅下跌。十二、十三歲學童已開始滋長電流迴路概念，但是生活經驗中的「資源用久了，就會消耗」的常識，使其產生電流耗弱的似是而非迷思認知，這說明了為何耗弱模式會在十五歲達到高峰。

　　Shipstone（1984，轉引自 Shipstone, 1985）亦曾探討學生的電流認知，其研究對象為十二歲至十八歲，研究結果則與 Osborne 的研究結果大體相若。即十二、三歲學童是個關鍵，相衝模式每年大幅下降，相對地，科學迴路模式每年大幅成長，至十七歲時約為 60%以上。耗弱模式則在十五歲高峰後下滑，至十七歲約為 10%。最大不同點是 Shipstone 的研究發現：各年齡層中單極模式的比例大大高於 Osborne 的研究，十二歲學童持單極模式認知者約達 50%，十四歲約為 60%，之後才逐漸下降，但十七歲仍有約高於 30%的比例為單極模式，在 Osborne 研究中，單極模式在各年齡層的百分比都在 5%左右或以下。

二、齒輪概念

　　有關兒童機械傳動概念方面的研究，微乎其微（Lehrer & Schauble, 1998），尤其是針對齒輪方面，而 Metz 是少數齒輪研究中較有系統的一位。舉例而言，1985 年 Metz 與 Boder（轉引自 Forman & Kaden, 1987）以及 1991 年 Metz 均曾探討三至九歲各年齡層兒童對齒輪轉動的解釋的發展；1985 年 Metz 亦曾針對兒童在齒輪測試情境中的解決問題策略的發展加以研究。綜觀 Metz 對學童齒輪傳動概念的研究，發現兒童對於齒輪轉動的理解有幾個明顯階段：

㈠原始知覺階段

　　在六歲之前幼兒著重知覺表面現象，其表現又可分為三個層次：第一個層次的幼兒焦點在於與運轉功能無關的一些顯著特徵，當被詢問齒輪為何會轉動，其回答有如：「這個是圓的」，與問題答案毫無

相關；第二與第三層次的幼兒則分別是注意施力處與自己對齒輪的作用，即自己在齒輪把手上的行動，例如：「因為把手在這邊。」、「因為我把手放在這邊，我就這麼轉。」

(二)齒牙「相碰」階段

兒童在六歲開始注意齒輪的齒牙間是否相碰，意識齒輪的齒牙相互連接是齒輪運轉的重要條件。

(三)齒牙「相咬」階段

再年長一些的孩童，不僅了解齒牙必須相碰連，而且還知道齒牙必須是進一步地緊鎖相互咬合的。能注意齒牙相咬，就會開始思考不同尺寸齒輪的運轉方向及速度，是未來階段思考的基礎。

(四)齒輪組合運作系統階段

八、九歲的兒童開始思考數個齒輪組合結構是一個整體，它構成一個「運作系統」，其運轉模式與簡單二個齒輪的運轉是大不相同的。一般要等到孩子了解齒輪組合是一個整體性的運作系統後，他才會解釋為什麼三個齒輪連在一起時會無法運作，而四個齒輪連成一圈，卻可運轉自如。

Lehrer 與 Schauble（1998）是另二位對兒童齒輪概念有深入探討的學者，他們的研究驗證了 Metz 的階段論。Lehrer 與 Schauble 訪談了二十三位二年級與二十位五年級學童有關於齒輪組、打蛋器與十段變速腳踏車的運轉認知。在齒輪組訪談部分，研究者準備了六個不同的齒輪結構，詢問兒童有關齒輪的傳動、轉動方向、轉動速度三方面問題。研究結果顯示，就齒輪傳動而言，約有半數的二年級與五年級學童持有動作的傳動取決於推力（push）的簡單想法；兒童了解齒牙必須相連，推力才能發生效用。就轉動方向而言，有些孩童（二年級約有

25%，五年級約為 6%）顯然認為所有咬合的齒輪是同方向轉動的。最後就轉動速度而言，亦有不少學童（約有 40%以上）認為不管齒輪的方向與大小尺寸，所有齒輪是同速度轉動的。就年級比較而言，二年級學童對於力的傳動所提供的解釋是不完整的，五年級學童則能以轉動方向法則說明動作的傳動，有關於齒輪的運轉速度，則愈來愈能論及齒輪間的大小比率。

三、小結

首先就學童的電路概念而言，初始多半屬於單極模式或相衝模式，其後則出現耗弱模式與科學迴路模式。基本上，在小學後期，四種模式已同時存在於學童中。十二、三歲是個關鍵期，此時之後相衝模式持續下滑，迴路科學模式比例則大為增長，十七、八歲時，雖然四個模式仍並存，但科學迴路模式的比例是最高的。耗弱模式是迴路模式的替代性另類觀點，兒童雖然接觸迴路原理，但是卻以生活中「資源用久就會消耗」的常識來解釋科學原理，以彌減他的認知衝突。

其次，有關兒童的齒輪概念發展，它歷經學前期的原始知覺階段，其後的齒牙相碰階段、齒牙相咬階段，最後於八、九歲之後才開始進入齒輪組合運作系統階段——能整體思考一個齒輪結構系統的運作，包括運轉方向與速度。因此小學中、低年層階段仍有不少學童認為兩個咬合齒輪是以同速度、同方向運轉的。

第二節　幼兒電路概念之研究發現

一、幼兒對電路之認知概況

　　為了解幼兒的電路概念，研究者首先以燈泡脫離燈座的 A、B 二組電路裝置，讓幼兒預測哪一組會發亮，並請幼兒說明為什麼會發亮。A 組只有一條電線連接電池與燈泡底座，並未形成迴路，B 組有二條電線連接電池與燈泡底座成一迴路狀（參見圖 6-2-1）。在幼兒裝上燈泡於燈座，知曉形成迴路的的 B 組電路裝置會亮後，繼之請其說明電流是如何在電路裝置上流動的？（參見圖 6-2-2）最後並提供五張圖卡（單極模式、相衝模式、耗弱模式、迴路模式、其他—請幼兒說明），讓幼兒選擇（參見圖 6-2-3），以前後驗證確認其口語說明。

㈠簡易電路裝置

　　幼兒在預測哪一組電路裝置會發亮時，以認為 A 與 B 兩組均會發亮的比例為最多，有半數以上（56.67%）；其次為以二條電線連接電池與燈泡而形成迴路之 B 組電路裝置，百分比為 28.33%；認為以一條電線連接電池與燈泡，但未形成迴路之 A 組電流裝置會發亮的幼兒有15%。進而分析認為 A 組會發亮的幼兒之解釋主要不外乎：只需要一條電線連接電池與燈泡即可讓燈泡發亮。認為 A、B 兩組燈泡均會發亮的幼兒的解釋不外乎：A、B 兩組均有電池、電、或是電線，所以會發亮。在 28.33%認為 B 組電路裝置會發亮的幼兒中，有占總幼兒數18.33%的幼兒聲稱：要有二條電線才能讓電路發亮，其餘不是提出無關說明，就是未有說明。所謂「無關說明」是與問題毫無相關的說明，

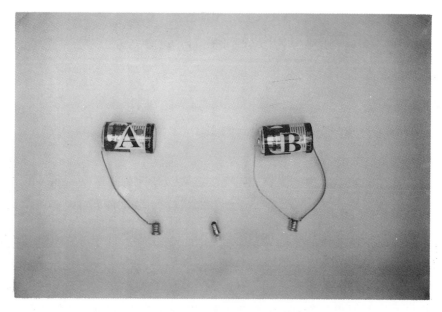

圖 6-2-1　電路裝置預測圖

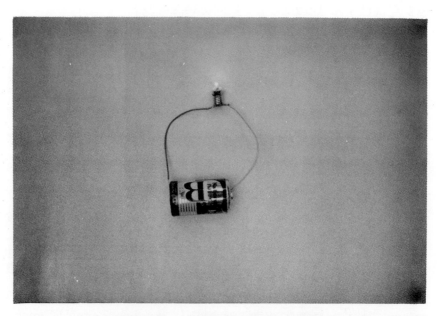

圖 6-2-2　電路訪談情境示意圖

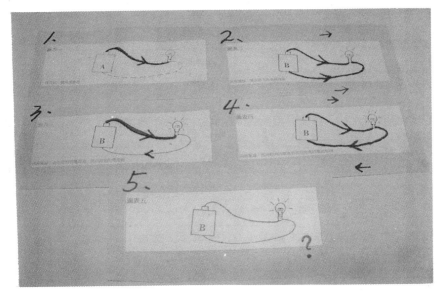

圖 6-2-3　電流流動模式指認示意圖

類似答非所問;「未有說明」者可能答不知道或未能進一步提出說明。
以上數字顯示對電路有一些粗淺理解的幼兒為二成弱,但是在此訪談
情境中,吾人還是無法得知這些幼兒是否真正理解電燈泡、二條電線、
電池必須「形成迴路」才是燈泡發亮的關鍵要點(參見表 6-2-1)。茲
舉選擇二條電線形成迴路之 B 組並提出主要說明(有兩條電線才能發
亮)的幼兒實例陳述之。

表6-2-1　幼兒預測與說明電路裝置發亮之統計表

電流裝置類別　　統計項目　　預測之說明		主要說明	無關說明	未有說明	總計
A 組（一條電線，未形成迴路）	次數	5	1	3	9
	組內%	55.56	11.11	33.33	100
	總%	8.33	1.67	5	15
B 組（二條電線，形成迴路）	次數	11	4	2	17
	組內%	64.71	23.53	11.76	100
	總%	18.33	6.67	3.33	28.33
A＆B 組	次數	31	2	1	34
	組內%	91.18	5.88	2.94	100
	總%	51.67	3.33	1.67	56.67

備註：A組之主要說明為「一條線即可發亮。」，B組之主要說明為「有兩條線才能發亮。」，A＆B組之主要說明為「二組皆有電、電池或電線，所以會亮。」

訪者：好！那現在思竹看唭，老師手上有兩組電池，這是Ａ組，這是Ｂ組，請問，老師手上的小電燈泡是要裝在Ａ組會亮？還是Ｂ組？還是兩組都會亮？兩組都不會亮？

豚７：Ｂ組（拿起燈泡要裝上去）。

訪者：等一下，你要先告訴我爲什麼，才能裝。

豚７：因爲它有洞（意指燈泡底座之安裝燈泡缺口處），才可以裝。

訪者：可是我的Ａ組也有洞呀？

豚７：可是它沒有另一條線。

訪者：所以你覺得Ｂ組爲什麼會亮？

豚7：因爲它本來就會亮。

訪者：你剛剛說 A 組只有一條線，那所以爲什麼 B 組會亮？

豚7：因爲它有兩條線。

訪者：所以 B 組會亮，是不是？

豚7：（點頭）

訪者：電燈泡是裝在 A 組會亮？還是 B 組？還是兩組都會亮？兩組都不會亮？

長13：B 組。

訪者：爲什麼呀？

長13：因爲它有兩條線。

訪者：那 A 組爲什麼不會亮？

長13：因爲它只有一條線。

訪者：這是 A 組，這是 B 組，那我要跟你玩一個遊戲，請你猜猜看，電燈泡是裝在 A 組會亮？還是 B 組會亮？還是兩個都會亮？兩個都不會亮？

兔13：B 組。

訪者：爲什麼你覺得 B 組會亮？

兔13：因爲它有兩個插在一起（手指電線）。

訪者：兩條電線怎樣？

兔13：插在一起。

訪者：喔！你覺得兩條電線一起插在電池這邊，然後燈泡會亮，爲什麼它要兩條電線？一條不可以嗎？

兔13：不可以！

訪者：所以一定要兩條一起，是不是？

兔13：嗯！

㈡電流流動方式

當幼兒知道有二條電線的B組才能使電路發亮後，請其說明電流流動方式，進一步了解其是否真正具有迴路概念。大多數幼兒（66.67%）的解釋屬於：電流由電池兩極同時流衝至電燈泡，使燈泡發亮的「相衝模式」；其次是電流均由電池兩極出發，但一條先、一條後的「先後輪流模式」（20%）；還有少數幼兒（6.67%）堅持一條電線連接電池、燈泡但未形成迴路的「單極模式」；另有極少數幼兒（3.33%）是屬於電流被燈泡消耗導致回流變少的「耗弱模式」；正確的迴路模式僅有二位（3.33%），但此二位幼兒均無法提供進一步解釋（參見表6-2-2）。以上統計顯示，幾乎所有幼兒尚未具有電流迴路概念。多數幼兒認為電流由電池兩極流衝至燈泡，分析其主要原因為：在此情況下才會電力多、速度快（參見表6-2-2）。前後訪談數據對照（將前一訪談情境之結果：18.33%幼兒正確預測B組電路裝置會發亮，其主要說明為B組因有兩條電線才亮，與本訪談情境測試結果，二者並置分析），顯示幼兒的電路概念尚未具有「迴路」的認知，幼兒只是直覺的認知有兩條電線存在就能讓燈泡發亮。

二、幼兒對電路之另類思維

㈠簡易電路裝置

三成弱（28.33%）的幼兒預測有二條電線形成迴路裝置的B組電路會發亮，其中有占總數二成弱（18.33%）的幼兒認為只要有「兩條電線」連接就會讓燈泡發亮，並未具有二條電線必須連接電池、燈泡以「形成迴路」的認知。其餘15%幼兒認為一條電線連接燈泡與電池、未形成迴路的A組會發亮，有半數以上（56.67%）的幼兒則認為A、B兩組均會發亮。

表6-2-2　幼兒說明電流流動方式之類型表

電流流動模式	相衝模式（電池兩極往燈泡流衝）				先後輪流模式（電池二極輪流流向燈泡）		單極模式		耗弱模式	迴路模式	總計
次數	40				12		4		2	2	60
百分比(%)	66.67				20		6.67		3.33	3.33	100
原因說明	電力多	速度快	其他	不知為何	任一條先	特定條先	僅需一線	一線虛懸			
次數	23	9	4	4	4	8	2	2	2	2	60
組內%	57.50	22.50	10.00	10.00	33.33	66.67	50	50	100	100	
總%	38.33	15	6.67	6.67	6.67	13.33	3.33	3.33	3.33	3.33	100

1. 未成迴路的一條電線裝置會發亮（15%）

在15%預測未成迴路的一條電線裝置會發亮的幼兒中，只有占全體幼兒 8.33%的幼兒提出與問題較為有關的說明——一條電線即可讓燈泡發亮，其餘不是「無關說明」，就是「未有說明」。茲舉認為一條電線即可讓燈泡發亮的幼兒實例說明之：

訪者：那你看喔，老師這邊有兩組電池，這個是A組，這個是B組，這邊還有一個小燈泡，我等一下要請方立猜猜看，我的小燈泡是裝在A組會亮？還是B組？還是兩組都會亮？兩組都不會亮？

豚3：（拿起燈泡要試試看）

訪者：你先猜猜看，我們等一下再試試看。

豚3：我猜是A組。

訪者：你猜 A 組，爲什麼？

豚 3：（無語）

訪者：爲什麼你不猜 B 組，要猜 A 組？

豚 3：因爲 B 組兩條線的話，電力會太強。

訪者：喔！你覺得 B 組兩條線……。

豚 3：對！電力會太強。

訪者：喔！電力會太強，所以就不會亮，是不是？

豚 3：是！

訪者：那 A 組呢？

豚 3：有一條線是中強的。

訪者：中強，就會亮，是不是？

豚 3：嗯。

2. 未成迴路的一條電線裝置以及形成迴路的兩條電線裝置，二組均會
發亮（56.67%）

半數以上之幼兒（56.67%）預測 A、B 兩組電路裝置均會發亮，
究其主要說明內容不外乎 A、B 兩組皆有電池，或者是皆有電，或者
是皆有電線。似乎半數以上幼兒（51.67%）只要看到有電池、或電線、
或二者相連就會有電，就可以讓燈泡發亮。

訪者：姊姊這邊有兩組電池（將兩組置於桌面），這邊是 A 組，
這邊是 B 組喔！請猜猜看 A 組會亮？還是 B 組會亮？還是
兩組都會亮？還是兩組都會不亮？

兔 4：兩個都會亮，因爲都一樣大。

訪者：哪裡一樣？

兔 4：電池的長度一樣。

訪者：然後呢？

兔 4：肥肥的一樣。

訪者：還有沒有？

兔 4：沒有。

兔10：兩組都會亮。

訪者：兩組都會亮啊，為什麼？你可以告訴老師嗎？

兔10：（無語）

訪者：那你先告訴老師為什麼Ａ組會亮好了。

兔10：因為它是新的。

訪者：什麼東西是新的？

兔10：它有包那個袋子啊！

訪者：你覺得電池是新的？還是電線是新的？還是燈泡是新的？

兔10：全部。

訪者：喔！你覺得它全部是新的，所以會亮，那你覺得Ｂ組為什麼會亮？

兔10：（無語）

訪者：剛剛你覺得Ａ組是新的，所以它會亮，那Ｂ組呢？沒關係你猜猜看。

兔10：因為它也有包袋子。

訪者：喔！因為它也有包袋子，所以你覺得它也是新的，所以會亮喔。

豚 1：兩組都會亮。

訪者：欣玉覺得兩組都會亮，為什麼？

豚 1：因為兩組都有線。

訪者：喔！因為兩組都有線，還有沒有？

豚 1：沒有！

訪者：喔！都有線，所以它兩組都會亮，什麼線啊？

豚1：有紅線跟黃線，還有紅線。

訪者：因為它有紅線跟黃線這種電線，所以它兩組都會亮，是不
　　　是？

豚1：是！

訪者：那現在老師這邊有兩組電池，這是A組，這是B組，我的
　　　小燈泡是裝在A組會亮？還是B組？還是兩組都會亮？兩
　　　組都不會亮？

長2：兩組都會亮。

訪者：為什麼兩組都會亮？

長2：因為這邊有接到這個（手指電池）。

訪者：兩組的什麼都有接到電池？

長2：電線。

正因為幼兒只要看到電線、電池，或二者相連，就認為有電，燈
泡會亮，因此，當幼兒親手組裝電燈泡，發現A組燈泡不亮時，通常
第一個反應是電池沒有電了，或燈泡燒掉了，這是很自然的反應，前
後乃相呼應。

訪者：這裡有兩組電池（兩組電池，放置於桌面上），我有一個
　　　電燈泡，猜猜看A組會亮？還是B組會亮？還是兩組都會
　　　亮？還是兩組都不會亮呢？

兔7：兩組都會亮。

訪者：為什麼兩組都會亮？

兔7：電池可以讓燈泡會亮。

訪者：兩組都會亮是因為有電池的關係。

請你裝看看 A 組。

兔 7 ：（無語）（裝 A 組的電燈泡）

訪者：爲什麼不會亮？

兔 7 ：（無語）

訪者：猜猜看嘛！我們只是玩遊戲。

兔 7 ：因爲電池沒電。

訪者：因爲電池沒電，所以 A 組不會亮，是不是？

　　　我們試試 B 組。

兔 7 ：（無語）（裝 B 組燈泡）

訪者：看看發生什麼事？

兔 7 ：有亮。

訪者：爲什麼 A 組不會亮，B 組會亮呢？

兔 7 ：因爲它有電。

訪者：A 組也有電池，但它不會亮；B 組就會亮，爲什麼？

兔 7 ：因爲它沒有電。

訪者：因爲它沒有電的關係？

訪者：那現在你看唷，老師這邊有兩組電池，還有一個小燈泡，
　　　你猜猜看唷，小燈泡是裝在 A 組會亮？還是 B 組會亮？還
　　　是兩組都會亮？兩組都不會亮？

長 4 ：兩組都會亮。

訪者：爲什麼？

長 4 ：因爲都有電，如果沒有電就不會亮。

訪者：那你先試試 A 組

長 4 ：（拿起燈泡，裝在 A 組）。

訪者：發生什麼事？

長 4 ：沒有亮。

訪者：爲什麼？

長4：可能是燈泡燒掉了，或者是沒有電。

(二)電流流動方式

至於有關電流流動的方式，有將近七成幼兒的另類觀點是屬於電流由電池兩極同時合力流衝至燈泡處，使燈泡發亮的「流衝模式」，有二成幼兒是屬於由電池兩極一先一後流出的「先後輪流模式」。

1.流衝模式（66.67%）

在流衝模式中，多數幼兒認為一起流衝，電力較多、較強之故，其次是一起流衝速度較快。套用幼兒的話，兩條線一起跑，「電會比較多」、「才有力氣」、「分開就沒有力量」、「一起走比較快」、「衝很快」。

訪者：那電怎麼讓電燈泡發亮？電池裡面的電怎麼讓電燈泡發亮？

豚3：用電線傳送。

訪者：要怎麼傳送？

豚3：這兩邊（手指電池的兩端）會發出電，它通過電線然後到燈泡。

訪者：喔，你覺得是這兩邊（電池的兩端）會發出電，然後它就會到了。

豚3：對！

訪者：那它要怎麼走？

豚3：它從這裡（手指電池中央），然後一直走（手指電線）就會到了。

訪者：是紅色先走還是黃色（意指電線）？還是兩條一起？

豚3：同時。

訪者：爲什麼要同時？

豚 3：因爲如果從紅色先走，電就會變弱，然後再從黃色走，電力就不會集中，就會變弱。

訪者：那老師這邊有圖片，看看溫旭剛剛選的是哪一個？你選的是兩條一起走，電燈泡就會亮了？還是走過去再走回來，電燈泡就會亮了？還是走過去比較強，走回來就比較弱？還是你要選其他的？

兔 3：（無語）（手指流衝模式的圖二）。

訪者：喔！你選的是第二張圖，那你告訴老師，爲什麼要選這張？電池的電怎麼樣讓電燈泡發亮？

兔 3：電傳給這兩條線，然後再傳過去就會亮了。

訪者：喔！電池裡面的電從這兩條線傳過來，然後呢？

兔 3：就會亮。

訪者：而且要怎樣？

兔 3：兩條。電傳給這兩條線，這兩條線一起跑過去，電燈就會亮了。

訪者：你選的是兩條一起走向電燈泡，電燈泡就會亮了，那爲什麼呢？

兔 10：我覺得這樣會亮。

訪者：爲什麼你覺得這樣會亮？

兔 10：因爲一個走比較沒有那麼亮，兩個一起走比較亮。

訪者：是一起跑嗎？

豚 9：嗯！

訪者：爲什麼要一起跑呀？不能一前一後嗎？或者是……。

豚9：不知道！

訪者：你再想想看呀！

豚9：因為這樣電比較多。

訪者：好！你看喔，這邊有圖片，你告訴老師，你剛剛選的是哪
一個，是一起走？還是這邊比較強，這邊比較弱？還是走
過去走回來都一樣？還是你覺得跟你剛剛選的都不一樣，
你就選這一個。

豚9：這個（手指圖二流衝模式）。

訪者：為什麼你要選圖二呀？

豚9：因為這樣電一起跑比較平均，電會比較多。

訪者：為什麼要一起走？

豚11：因為這樣子才會有電。

訪者：為什麼這樣子才會有電？

豚11：因為分開就沒有力量。

訪者：電池的電怎麼跑到電燈泡裡面來的？

兔2：兩邊一起走，就會亮。

訪者：兩邊一起走，要怎麼走？可以告訴姊姊嗎？

兔2：這樣是一起走，這樣電燈泡就會亮了。兩個一起走就會有
很多電。

訪者：那你剛剛跟老師說這裡有兩條電線啊，那兩條電線的電要
怎麼走到電燈泡這邊來啊？你可以告訴老師嗎？（把B組
電池正放到兔15面前）

兔15：（手指著兩條電線）

訪者：是兩個一起嗎？兩個一起要怎麼走？為什麼要兩個一起？

兔15：（猶豫一下）因為要兩個一起才有力氣。

訪者：那你比給老師看好了，怎麼走？

兔12：（雙手沿著兩條電線一起比指到燈泡）

訪者：那為什麼要兩個一起走呢？

兔12：一起走比較快。

訪者：為什麼要兩個一起跑？

兔1：一起到。

訪者：喔！那你告訴老師，你剛剛選的是哪一個，是這個強的先跑，再跑回來？還是跑過去再跑回來？還是兩個一起跑電燈泡就會亮了？你要選哪一個？

兔1：這個（圖二流衝模式）！

訪者：你為什麼要選這個？兩條電線怎樣？

兔1：兩條電線衝很快。

訪者：喔！你選這一個，為什麼選圖二？

兔4：因為電池這邊，兩個一過去，電就會很快一起發出來。

訪者：兩條一起，電燈泡就會很快發亮，因為它跑得很快。

兔4：一條先、一條後在一起就會擠來擠去、推來推去。

訪者：什麼會擠來擠去，推來推去？

兔4：電。

2.先後輪流模式（20%）

除了約七成幼兒認為電流是同時流衝至電燈泡外，尚有二成幼兒認為電流流動是由電池兩極出發，一先一後的輪流流動方式，即A線走完，再換B線，或倒過來。一先一後輪流方式又可分兩種，一種是

幼兒堅持電流是由某一條電線先流出，一種是幼兒不堅持孰先孰後，
二條電線中之任一條先流、後流皆可。

訪者：為什麼要一條一條地跑？

豚8：因為會撞到。

訪者：你覺得要一個先一個後嗎？

豚8：對！

訪者：為什麼？

豚8：兩個一起會撞到。

訪者：兩個一起會撞到，那一條先一條後就不會，是不是？

豚8：對！

訪者：那怎麼走？

兔9：（手指沿著紅線指到燈泡，再從黃線指到燈泡）

訪者：那你可不可以告訴老師，可不可以一起走？

兔9：不行！

訪者：為什麼呀？

兔9：要排隊，這樣才不會擠。

訪者：那如果兩個一起走會不會亮？

兔9：不會。

第三節　幼兒齒輪概念之研究發現

一、幼兒對齒輪之認知概況

　　為了解幼兒之齒輪概念，本研究設計了三個有關齒輪運轉的測試情境，請幼兒在實際操作前，分別預測齒輪擺放的位置、轉動的方向及轉動的速度，然後請幼兒說明為何如此預測。在「齒輪擺放位置情境」中，研究者出示兩個齒輪，詢問幼兒這兩個齒輪要如何擺放在齒輪操作板上，才能讓兩個齒輪一起轉動，並請幼兒在齒輪操作板上指出正確位置（參見圖6-3-1）。其目的在了解幼兒是否具有齒輪必須相互咬合才能轉動的概念。在「齒輪轉動方向情境」中，研究者出示咬合的二個齒輪，各貼有伸手前飛的超人貼紙於齒輪上，請幼兒預測若甲齒輪（超人）往某個方向（如手的方向）轉（飛），乙齒輪（超人）會往哪個方向轉（飛）？正確答案是甲超人往雙手方向飛，乙超人就會往兩腳方向飛（參見圖6-3-2）。在「齒輪轉動速度情境」中，研究者出示咬合的大小二齒輪，詢問幼兒哪一個齒輪轉動的速度快（參見圖6-3-3）。其目的在了解幼兒是否理解咬合的大小二齒輪轉動時，其速度是不同的。

　　幼兒在齒輪運轉之「擺置位置」、「轉動方向」與「轉動速度」三個預測情境中，正確預測率分別為 50%、31.67%、48.33%，顯示半數幼兒知道二個齒輪要擺在一起才會轉動；約高於三成幼兒知道二個相連齒輪的轉動方向是相反的；以及約低於半數幼兒知道二個不同大小相連齒輪組中，小齒輪轉得比較快（參見表6-3-1）。

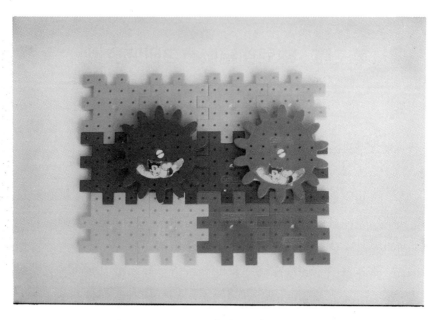

圖 6-3-1　齒輪擺放位置預測示意圖

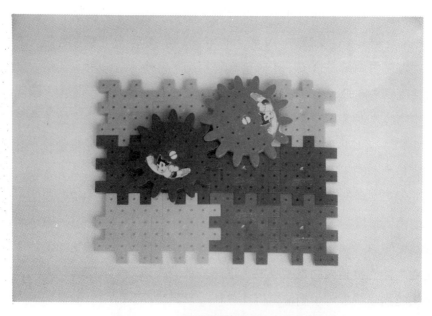

圖 6-3-2　齒輪轉動方向預測示意圖

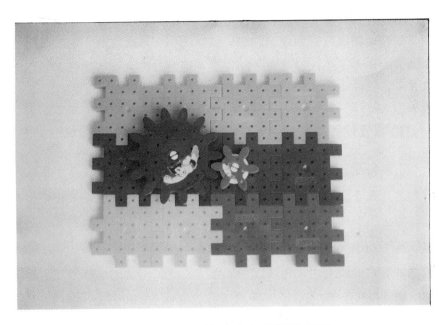

圖6-3-3 齒輪轉動速度預測示意圖

表6-3-1 幼兒於齒輪運轉訪談情境之預測統計表

預測結果＼統計項目＼預測情境		擺放位置情境（兩齒輪怎麼擺，才會動？）	轉動方向情境（咬合二齒輪，甲轉動，乙齒輪往何方向轉？）	轉動速度情境（咬合的大小兩齒輪，哪一個轉得快？）
正確	次數	30	19	29
	百分比（%）	50	31.67	48.33
不正確	次數	30	41	31
	百分比（%）	50	68.33	51.67
總計	次數	60	60	60
	百分比（%）	100	100	100

進而詳細分析幼兒預測後的解說內容發現，真正理解齒輪傳動必須是兩齒輪擺放位置相連結的幼兒僅有 35%；真正理解二咬合齒輪的運轉方向是相反的幼兒僅有 15%；真正理解二咬合齒輪運轉時，小齒輪比大齒輪轉得快的幼兒則微乎其微。

㈠齒輪擺放位置

在齒輪擺放位置情境三十位正確預測的幼兒中，有二十一位（占總數之 35%）以肢體動作配合口語說明，正確指出二齒輪要相連接才能轉動，另有一位提出矛盾解釋，有八位則未提供任何解釋（不語、搖頭或不知道）（參見表 6-3-2）。茲舉真正理解齒輪必須相連才能轉動的幼兒實例說明之。角 3 幼兒以懸空方式將兩個齒輪靠放在一起試著轉動（代替用手在齒輪操作板上指示必須擺放的位置），並說：「這個在這裡的話，這個就會這樣子轉。」；角 6 幼兒用手指著二個齒輪之交接處，說：「因為齒輪對齒輪，這個齒輪會轉到它，另外一個齒輪會轉到它。」；長 3 幼兒用手指著紅色齒輪之齒牙凸出處，並說：「這個尖尖的，會跟這個藍色齒輪移動。」；豆 7 幼兒用手在齒輪底座上畫圈圈說：「因為合在一起才會一起動。」；兔 4 幼兒用右手做出旋轉狀，說：「因為這樣螺絲（意指齒牙）就可以碰在一起，一轉的時候，兩個就一起轉了。」

表 6-3-2　幼兒於齒輪擺放位置訪談情境之預測與解釋類型表

預測與解釋類別		次數	百分比（%）	預測與解釋類別		次數	百分比（%）
（相鄰並置）正確預測	合理解釋（指出二齒輪相連結）	21	35	不正確預測	矛盾解釋	2	3.33
	矛盾解釋	1	1.67		無關解釋	5	8.33
	未提解釋	8	13.33		未提解釋	23	38.33
總計		30	50	總計		30	50

㈡齒輪轉動方向

在齒輪轉動方向情境十九位正確預測的幼兒中，有九位（占總數之 15%）以肢體動作配合口語說明，正確指出二齒輪是相互逆向轉動的，另有一位提出無關於問題的解釋，有九位則未提供任何的解釋（搖頭、不語、答不知道、用猜的）（參見表 6-3-3）。九位指出齒輪是相互逆向轉動的幼兒，均用手指在兩個齒輪上分別比劃順時鐘、逆時鐘方向，並且一面說明轉動方向。如角 8 幼兒：「因為……因為我覺得如果碰到的話，這個紅色的會往這邊（在紅色齒輪上畫逆時鐘弧線），這個藍色的會往這邊（在藍色齒輪上畫順時鐘弧線）。兔 4 幼兒說：「因為轉的時候，這個往前，只要這個往前（在紅色齒輪上畫順時鐘弧線），這個就會往後（在藍色齒輪上畫逆時鐘弧線）」。長 4 幼兒的對話如下：

訪者：那老師要請你用你的金頭腦想一想，如果這個藍色上面的超人往手手的方向飛，你覺得紅色上的超人會往手手飛，還是往腳腳的方向飛？

長4：腳腳（看著齒輪）。

訪者：腳腳？

長4：（點頭）

訪者：為什麼啊？

長4：因為這個是顛倒的。

訪者：怎麼顛倒法？

長4：因為這個轉（指藍色齒輪），這個就會往這裡（在紅色齒輪上畫線）。

訪者：喔，這個是會往哪裡（指紅色齒輪）？

長4：底下。

訪者：往底下（在紅色齒輪上畫逆時鐘弧線）？這個呢（指藍色齒輪）？

長4：往旁邊（在藍色齒輪上畫順時鐘弧線）。

表 6-3-3　幼兒於齒輪轉動方向訪談情境之預測與解釋類型表

<table>
<tr><th colspan="2">預測與解釋類別</th><th>次數</th><th>百分比（%）</th><th colspan="3">預測與解釋類別</th><th>次數</th><th>百分比（%）</th></tr>
<tr><td rowspan="5">正確預測（方向相反）</td><td rowspan="3">合理解釋（指出二齒輪相逆轉動）</td><td rowspan="3">9</td><td rowspan="3">15</td><td rowspan="5">不正確預測（方向相同）</td><td rowspan="3">迷思解釋 30（50%）</td><td>相連並轉</td><td>13</td><td>21.67</td></tr>
<tr><td>指出同向轉動</td><td>11</td><td>18.33</td></tr>
<tr><td>超人外形一致</td><td>6</td><td>10</td></tr>
<tr><td>無關解釋</td><td>1</td><td>1.67</td><td colspan="2">無關解釋</td><td>2</td><td>3.33</td></tr>
<tr><td>未提解釋</td><td>9</td><td>15</td><td colspan="2">未提解釋</td><td>9</td><td>15</td></tr>
<tr><td colspan="2">總計</td><td>19</td><td>31.67</td><td colspan="3">總計</td><td>41</td><td>68.33</td></tr>
</table>

㈢齒輪轉動速度

在齒輪轉動速度情境二十九位正確預測的幼兒中，有二位（3.33%）以譬喻方式指出小齒輪運轉比大齒輪快。雖然幼兒尚未發展齒輪轉動速度與齒牙數目、齒輪尺寸有關的較為科學的思考，其能以譬喻類比方式描繪大小齒輪轉動的情境，是非常生動的說明。茲舉幼兒的譬喻解釋來說明幼兒的想法。另有六位（占總數之 10%）持「紅色齒輪較小，所以較輕、轉得快」的似是而非觀點，另有一位幼兒提出無關於問題的解釋，有二位提出其他解釋，有十八位則未提出任何解釋（占全體幼兒三成）（參見表 6-3-4）。

訪者：那我要請你幫幫我喔，你先猜猜看，等一下我請你幫我轉
　　　藍色的時候啊，你覺得這兩個哪一個轉得比較快？

長12：（指紅色小齒輪）

訪者：紅色的是不是？為什麼你覺得紅色的比較快？

長12：因為大的跑得比較慢，小的跑得比較快。

訪者：喔，原來是大的跑得比較……？

長12：慢。

訪者：小的跑得……？

長12：比較快。

訪者：為什麼？

長12：因為爸爸每次跨一大步的時候，我跨一小步，就比爸爸快。

訪者：喔，原來你都比爸爸快，所以你覺得紅色比較快是不是？

長12：（點頭）

訪者：小超人，好厲害喔，那我把它放在這裡喔（將紅色小齒輪
　　　放在藍色齒輪旁邊），那等一下我兩個一起轉的時候，你
　　　覺得是藍色的比較快？還是紅色轉得比較快？

豆３：紅色的（指紅色小齒輪）。

訪者：為什麼是紅色轉得比較快？

豆３：因為它比較小？

訪者：比較小，所以會轉得比較快？

豆３：（點頭）因為我玩陀螺的時候，大的轉得比較慢，很容易
　　　就沒有了，然後小的都還在轉。

訪者：哇，好厲害，你玩過陀螺，大的都會轉得比較慢，小的會
　　　轉得比較快是不是？

豆３：（點頭）

訪者：大的停的時候，小的都還在轉是不是？

豆3：（點頭）

表 6-3-4　幼兒於齒輪轉動速度訪談情境之預測與解釋類型表

預測與解釋類別		次數	百分比(%)	預測與解釋類別		次數	百分比(%)
正確預測（小的快）	譬喻解釋	2	3.33	不正確預測	大的快 27（45%）	迷思解釋（大的就是快）	22	36.67
	迷思解釋（小的輕、所以快）	6	10			無關解釋	2	3.33
						未提解釋	3	5
	無關解釋	1	1.67		一樣快 4（6.67%）	迷思解釋（一起轉，所以同樣快）	3	5
	其他解釋	2	3.33					
	未提解釋	18	30			無關解釋	1	1.67
總計		29	48.33	總計			31	51.67

二、幼兒對齒輪之另類思維

㈠齒輪擺放位置

　　在齒輪擺放位置測試情境中，正確預測與不正確預測的幼兒各占一半，正確預測幼兒中，大部分能提出二齒輪須相連接才能運轉的合理解釋，占全體幼兒比例為 35%，顯示正確預測者大部分皆知道齒輪必須互相咬合才能運轉的道理。不正確預測幼兒中，則大部分未提任何解釋，占全體幼兒比例為 38.33%，顯示預測錯誤的幼兒對於齒輪要緊鄰相咬確實不知道、沒有概念。整體而言，半數幼兒對齒輪必須咬合才能運轉，沒有概念。

(二)齒輪轉動方向

在齒輪轉動方向測試情境中，正確預測率約為三成多（31.67%），此其中約近一半幼兒能指出二齒輪相逆轉動的合理解釋，另一半幼兒未能提出任何解釋，各占全體幼兒之 15%，另有一位則提出無關於問題的解釋。在約近七成（68.33%）的不正確預測幼兒中，有總數 15%的幼兒未提任何解釋，3.33%幼兒提出與問題無關的解釋，提出迷思解釋的幼兒占全體幼兒半數之多。詳細分析，共有三類迷思解釋，其中以「相連並轉」與「指出同向轉動」者占最大比例。

1. 以「相連並轉」解釋（21.67%）

「相連並轉」是指幼兒認為二個齒輪是「連」在一起，當然是「一起跟著轉動」，並沒有意識其實轉動的方向是相反的；其焦點是放在「二個齒輪『相連』，所以一起轉動」，而且通常幼兒在說明時，會以動作與口語具體指出二個齒輪是相連的。茲舉幼兒實例說明之。例如被問及為何二個齒輪是同方向轉動時，兔 6 幼兒指著兩個齒輪「交接處」說：「因為這兩個在一起」；豚 8 幼兒說：「因為兩個扣在一起，旋轉的時候，兩個都會動」；兔 14 幼兒一面用左右手各摸一個齒輪，一面說：「因為它跟它轉，它也會轉啊！」；豚 2 幼兒用手指著齒輪說：「因為這個（齒輪）就跟這個（齒輪），也會往上面飛」；豆 5 幼兒用手指著齒輪並畫圓說：「因為他們兩個會一起轉動」。

2. 指出同向轉動（18.33%）

另外有些幼兒指稱二個齒輪會同方向轉動，但並未提供進一步說明；通常幼兒在說明時，會以動作表現「同向轉動」。例如：長 1 幼兒說：「因為我覺得這個一起動的時候，這個齒輪（紅）會一起往這邊（在紅色齒輪上畫順時鐘弧線）跑」；兔 1 幼兒說：「因為它轉過去（在紅色齒輪上畫順時鐘弧線），這個（在藍色齒輪上畫順時鐘弧

線）也轉過去。」；兔 2 幼兒說：「因為它們兩個一樣，因為它轉這邊，它也會跟著往這邊轉」；豆 3 幼兒說：「因為它這樣子的話（在紅色齒輪上畫順時鐘弧線），它也會這樣子（在藍色齒輪上畫順時鐘弧線）」。

3.其他（超人外形一致）（10%）

還有一些幼兒的另類思考是認為超人的外形一致，所以往同方向轉，將焦點放在黏在齒輪上的二個超人圖片；二個超人外形看起來一樣，因此當然是一起轉，未注意到轉動方向其實是相反的。例如長 3 幼兒指著紅色超人與藍色超人說：「因為這邊跟這邊都是一樣的」；豚 9 幼兒指著二個超人說：「因為它跟它同一個方向」；豆 5 幼兒說：「這二個超人都貼在那邊」；兔 16 幼兒說：「因為他們兩個一樣，黏起來，所以他們兩個一樣飛（手指紅色齒輪上的超人）」。

㈢齒輪轉動速度

在齒輪轉動速度情境中，正確預測率約近半數（48.33%），但是其中有占總數一成的幼兒具有「小的比較輕，所以轉得快」的迷思想法，例如角 8 幼兒說：「因為我覺得紅色的比較小，而且喔，重量又比較輕，所以它轉得比較快。」；長 3 的幼兒說：「因為它比較小，也很輕。」；其他諸如長 6、長 2、角 7 等幼兒都有「比較小、比較輕，所以轉得快」的想法。另外，有二位幼兒提出其他解釋，如：豚 7 幼兒認為比較小「威力比較強」，豚 11 認為比較小「比較厲害」。

齒輪轉動速度情境不正確率約稍多於半數（51.67%），其中有占總數 45%的幼兒認為大的齒輪運轉較快，有總數 6.67%的幼兒認為大小兩咬合齒輪的運轉速度是一樣的。在預測大齒輪運轉較快幼兒中，其主要迷思想法是「大的就是運轉快」，幾乎所有幼兒沒有進一步提出解釋為何大齒輪就會運轉快。認為大小齒輪運轉速度同樣快的幼兒，

其主要另類想法是因為二個齒輪一起轉，速度當然同樣快，甚至在實際操作後，還是無法覺察運轉速度是不同的。舉兔2幼兒對話說明如下：

訪者：猜猜看，你覺得誰比較快？

兔2：兩個一樣快。

訪者：喔，你覺得兩個一樣快，為什麼？

兔2：因為他們兩個都是一起轉的。

訪者：喔，兩個是一起轉的。

兔2：因為有人碰這個（指藍色齒輪）的話，兩個都會一起轉。

訪者：所以你覺得，只要碰一下（指藍色齒輪）就會一起轉？也會一起停是不是？

兔2：（點頭）

訪者：那你轉轉看，看誰比較快？

兔2：（轉動藍色齒輪）一樣快。

訪者：一樣快，你再玩一次看看。

兔2：（轉動藍色齒輪）

訪者：注意看喔，你覺得誰比較快？

兔2：一樣快。

第四節　幼兒電路與齒輪概念之結論

本節綜合幼兒電路與齒輪概念的研究結果，並將其與相關實徵研究文獻對照，歸納如下。

一、幼兒簡易電路概念

幾近三成的幼兒正確預測具二條電線且形成迴路的電路裝置，才能讓電燈泡發亮，正確預測者中有幾近全體幼兒二成的解釋是「二條電線才能讓電路發亮」。幼兒在操作知道有二條電線形成迴路的 B 組才能讓燈泡發亮後，請其解釋電流流動方式，幾乎所有幼兒對電流流動方式未具有正確概念，有約近七成幼兒認為電流是由電池兩極同時流衝至電燈泡，讓燈泡發亮，主要原因是同時流衝電力多、速度快；有二成幼兒則認為電流由電池兩極出發，但一條先流，一條後流。將預測電流裝置發亮組別與解釋電流流動方式前後統計資料加以比對，發現幼兒的電路概念尚未具有「迴路」認知，未能理解連接燈泡與電池的兩條電線必須「形成迴路」才是燈泡發亮的關鍵。綜合論之，一般幼兒只要看到電線、電池、或二者相連，就認為有「電」，會讓燈泡發亮，而且有不少幼兒還停留在一條電線連接電池、燈泡未形成迴路的「單極模式」，以及多數幼兒是屬於「相衝模式」的電流觀。在告知非單極模式時，幼兒對電流的解釋是以生活中的常識、經驗為主，二條電線的電流由電池兩極同時出發合衝至燈泡，電力才會強與快。Osborne（1983）、Shipstone（1984）的研究亦發現十二、三歲仍有單極模式存在，而相衝模式則達於高峰，因而本研究幼兒的表現是可以理解的。不同的是本研究另外發現有二成幼兒具有先後輪流的電流流動觀，這是其他研究所未發現的有趣另類觀點。

二、幼兒齒輪概念

有 35% 的幼兒正確預測並能說明兩個齒輪要緊鄰並置才能轉動；有 15% 的幼兒正確預測並能說明二個齒輪的轉動方向是相反的；有少

數一、二個幼兒能正確預測並以譬喻類比方式說明，在二個咬合齒輪組中小齒輪比大齒輪轉動得快。有關於齒輪運轉方向，有占總數一半的幼兒具有「相連所以同向並轉」，「同向轉動」等的迷思概念。在齒輪運轉速度方面，絕大多數幼兒具有大齒輪轉得快、小齒輪較輕轉得快，或大小齒輪同轉同快等的迷思概念。本研究發現五歲幼兒有35%能理解二個齒輪要緊鄰並置才能運轉，與 Metz 的系列研究相對照的話，我國孩童的表現似乎較佳，因Metz的研究指出六歲兒童開始注意齒牙是否相碰連。另外，就齒輪轉動方向與轉動速度而言，Lehrer 與 Schauble（1998）發現二年級學童有 25%、五年級學童有約 6%認為咬合齒輪是同向轉動的，本研究五歲幼兒則為近七成認為咬合齒輪是同向轉動。Lehrer 與 Schauble 又發現二至五年級學童約有四成認為齒輪是同速轉動，本研究則發現有絕大多數五歲幼兒對轉動速度具迷思想法，包括小的較輕所以轉得快，大的轉得快，大小齒輪同轉同快等，顯然幼兒多受齒輪外觀大小的影響。

參考文獻

Forman, G. & Kaden, M. (1987). Research on Science education for young children. In C. Selfeldt (ed.), *The early childhood curriculum: a review of current research.* N.Y.: Teachers College Press.

Lehrer, R. & Schauble, L. (1998). Reasoning about structure and function: children's conceptions of gears. *Journal of Research in Science Teaching, 35*(1), 3-25.

Metz, K. E. (1991). Development of explanation: incremental and fundamental changes in children's physics knowledge. *Journal of Research in Science Teaching, 28.,* 785-797.

Metz, K. E. (1985). The development of children's problem solving in a gears task: a problem space. *Cognitive Science, 9,* 431-471.

Tasker, R. & Osborne, R. (1985). *Science teaching and Science learning.* In R. Osborne & P. Freyberg (Eds.), *Learning in Science: the implications of children's science.* Auckland: Heinemann Education.

Osborne, R. J. (1981). Children's ideas about electric current. *New Zealand Science Teacher, 29,* 12-19.

Osborne, J. J. (1983). Modifying children's ideas about electric current. *Research in Science and Technological Education, 1*(1), 73-82.

Osborne, R. & Freyberg, P. (1985). *Children's Science.* In. R. Osborne & P. Freyberg (Eds.), *Learning in Science: the implications of children's science.* Auckland: Heinemann Education.

Shipstone, D. (1985). Electricity in simple circuits, In R. Driver, E. Guesne & A. Tiberghien(eds.), *Children's ideas in Science.* Buckingham: Open University Press.

第七章

幼兒之地球概念

　　幼兒生活在地球上，常被告知地球是圓的，也常見教室中的地球儀。然而在幼兒的觀點裡，地球真的是圓球體嗎？人是居住在地球的哪裡呢？是地表上的任何地方嗎？居於南極之人會不會掉落外太空呢？到底幼兒的地球觀與正式科學觀點有無差距，頗值探討，此乃本章重點。本章分三節，第一節綜合有關地球概念的當代實徵研究文獻，第二節報導幼兒地球概念的研究發現，最後一節則歸納文獻與本研究，作為結論。

第一節　地球概念之實徵研究

　　對兒童地球概念最有研究的首推 Nussbaum。在他的系列研究（Nussbaum & Novak, 1976；Nussbaum, 1979；Nussbaum & Sharoni-Dagan, 1983；Nussbaum, 1985）裡，發現兒童對地球所持的五種觀念為（註：本書所示五種觀念所有插圖，取自 Nussbaum, 1985）：

觀念一——我們居住的地球是平坦的，不像球一樣是圓的。

　　對第一階段幼兒而言，在他生活周遭所見的均是平坦的地面，當然會認為地球是平的，通常他們會質疑為何人們說地球是圓的。可是在生活中，他又常被告知地球是圓的，於是他試著合理化及意義化認知上的衝突，結果就發展出許多有趣的替代觀點。例如：他會認為地球從空中看可能是「圓」形如大餅狀，被海洋包圍著，這樣哥倫布繞著它行駛就有道理（圖 7-1-1）；或者是陸地上山岳起伏的「圓」丘狀，可能就是大人們所說地球是圓的（圖 7-1-2）；或者是道路蜿蜒彎轉狀即為大人意會的地球是圓形的（圖 7-1-3）。

哥倫布之船

圖 7-1-1　地球之「圓」有如海洋包圍之圓餅狀示意圖

圖 7-1-2　地球之「圓」有如山岳起伏之圓丘狀示意圖

圖 7-1-3　地球之「圓」有如道路蜿蜒彎轉狀示意圖

觀念二──地球是由上下兩個半球所組成的巨大球體，我們居住在下半球橫剖面的平坦處。

　　更進步一些的幼兒為合理化認知上的衝突，發展出「地球是由兩個半球所組成的巨大球體」的天真想法。基本上，他們認為地球的下半部是固體的，由土與石組成，人們住在這下半個球體的剖面平坦處上，而上半個球體非固體，是由天、空氣所組成的。這種一個球體剖成兩半，人就住在下半球體剖面上平坦處的看法（圖7-1-4），頗能縮短自己所踏「平坦地面」與他人告知「地球是圓的」的認知差距，是相當有趣天真的另類想法。

太空

天空

空氣

地面

太空

圖 7-1-4　地球之「圓」有如人住在下半球體剖面示意圖

觀念三——地球是被無限制太空所包圍的圓球體，萬物垂直落下，無地心引力，我們住在地球的上方或四周。

　　這時期的孩童已有地球是圓球體的概念，相信人住在地球表面上，但尚無「地心引力」概念，當被要求繪畫站在地表上的人向上方擲石頭的掉落方向時，均繪出垂直於水平面的上下直線方向（圖7-1-5）。而當在預測一個置於南極的無蓋水瓶的水會發生什麼事時，他們會說：水掉入南極太空中，遠離地球（圖7-1-6）。較為精進的幼兒會逐漸發展出物體均朝向地球掉落的概念，但當被問及若物體掉入一個貫穿整個地球內部的洞，會怎麼樣時，他就會搞糊塗，顯然他還不是真正理解地心引力的道理。

圖7-1-5　無地心引力之石頭擲落方向示意圖

圖7-1-6　無地心引力之南極水瓶流向示意圖

觀念四──地球是被無限制太空所包圍的圓球體,萬物皆落向地球(表),我們居住在地球的地表四周。

持有這個觀念的兒童對於地球概念的所有要義有一些理解,也知道我們住在地表四周,萬物皆落向地表,但對地心引力還不是真正理解。他們把地球當作一個整體,萬物被這個整體吸引落向它,而非落向地心。因此,當詢問如果從地表上方挖一個貫穿地球的洞,然後投入石塊,石塊會落向何處?兒童認為石頭會直直掉落地洞的另一端出口,浮在端口或是下方的地面上。

觀念五──地球是被無限制太空所包圍的圓球體,萬物皆落向地心,我們居住在圓球體的四周。

觀念五是較為科學的觀點,兒童對於地球概念的三要素──圓球體的星球、被太空包圍、萬物落向地心,有充分了解,因此,若以上述詢問觀念四兒童的實例問之,他會回答石頭是落入地心的。

整體而言,兒童是由觀念一的比較自我中心、原始的想法逐漸朝向觀念五的比較遠離自我中心、科學化的觀點進展。地球概念的三要素──圓球體、被太空包圍、地心引力,並非二極化非有即無般成長──如:平坦 vs.圓球體、有地心引力 vs.無地心引力,而是逐漸演化、漸進發展,每一個觀念均是建立在前一個觀念之上。

自Nussbaum提出了兒童的這五個地球觀後,Mali與Howe(1979)在尼泊爾進行類似的研究,發現與前述Nussbaum在美國、以色列所做的研究有相似的結果,驗證了兒童的地球觀,不同的是尼泊爾兒童持

有第一、第二觀念的年齡期較長。其後 Sneider 與 Pulos（1983）也在美國舊金山探討兒童（三至八年級）的地球概念，大體上亦驗證了 Nussbaum 所提的地球觀點架構，並發現地球觀的分布是年齡與年級的函數。Sneider 與 Pulos 進而又將上述各研究者在以色列、美國、與尼泊爾的研究綜合分析，結果發現：(1)十歲（四年級）以前學童持觀念一、觀念二或觀念三；(2)十一歲、十二歲（五年級、六年級）學童的各觀念分布是最廣的；(3)大部分十三歲、十四歲（七年級、八年級）學童持觀念四或觀念五；(4)每一個文化團體內與不同文化團體間同年齡兒童的概念，有相當明顯的差異；(5)不同文化間的整體百分比分布圖並沒有差異。

近年來 Vosniadou 與 Brewer（1992）亦針對兒童的地球概念加以研究，特別是地球的形狀，其研究對象為小學一、三、五年級學童。結果發現兒童對地球形狀有五個另類的心靈模式——長方形的地球、圓片狀的地球、兩個地球、中空的圓球體、被壓過的圓扁球體（請參見圖 7-1-7 上半部）。學生在未接受正式教學前，最初自發的概念是長方形的地球與圓片狀的地球，在接受正式教學後知道地球是圓球體，就調整他們的原始看法，以期與學校教學吻合，因此合成出「中空的圓球體」與「壓過的圓扁球體」的另類想法。「兩個地球觀」的幼兒認為有二個地球，一個地球圓圓高掛在天上，人住在平坦的那個地球上。「中空的地球觀」如 Nussbaum 的觀念二，學生認為地球是圓球狀，人居住在球體剖面平坦處。「壓扁的地球」有如厚實的圓餅，人居住在頂部平坦處。

Sharp（1999）綜合研究文獻，將兒童的地球觀分為七個模式——平坦的地球、二個地球、中空的地球、圓球體狀的地球（無地心引力）、壓過的圓扁球體、圓球體狀的地球（萬物落向地面或地心）、幾近圓球體的地球（請參見圖 7-1-7 下半部）。由於以往的地球概念研究著重在地球的形狀與地心引力，Sharp 則著重於兒童對於土地總量與

地表特徵的看法，結合科學與地理要素，結果發現兒童對地球的看法有三個模式：(1)地球是太空中的一個單一的圓球實體，其上到處覆有土地；(2)地球是太空中的一個壓平的實體，其上到處覆有土地；(3)有二個地球存於太空中，其上到處均覆有土地；(4)其他模式。

在此筆者以圖 7-1-7 描繪對照各家所提之兒童地球觀點：

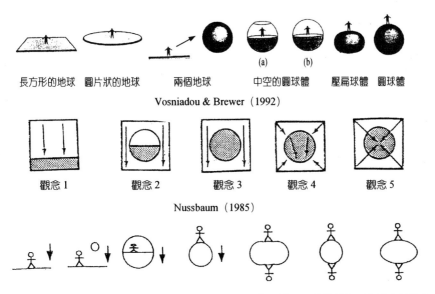

長方形的地球　圓片狀的地球　　兩個地球　　中空的圓球體　壓扁球體　圓球體

Vosniadou & Brewer（1992）

觀念1　　　　觀念2　　　　觀念3　　　　觀念4　　　　觀念5

Nussbaum（1985）

(a)平坦的地球　(b)兩個地球　(c)中空的地球　(d)圓球體的地球　(e)壓扁的圓球體　(f)圓球體的地球　(g)接近圓球體的地球

Sharp（1999）

圖 7-1-7　各家之兒童地球觀對照圖

我國姜滿（民 86）曾探討國小六年級學生的地球概念。研究結果顯示，學生在正式學習前對地球的形狀都已知為圓球形，然而對地球與居住環境的關係部分，大部分學生具有不同於教師之另類想法。有約一半學生認為人居住在地球表面的四周，其次有五分之一學生認為人居住在地球裡面的一平面上，上半為天空，下半為土地或海洋，地球上、下、外面皆不可住人。另有一小部分學生認為地球是天上的一

個星球，與居住環境無關，距離我們相當遙遠；此外有一小部分學生認為人居住在地球表面，但不同國家的人住在不同的地球上。

第二節　幼兒地球概念之研究發現

　　為了解幼兒的地球觀念，本研究以「地球的形狀」與「人類居住於地球何處」二個測試情境加以探究之。首先在地球的形狀測試情境中，研究者請幼兒口語回答「地球的形狀是什麼？」繼之以四個實物請幼兒選擇其所認為的地球形狀，以確認幼兒的口語回答。這四個實物分別是保麗龍球、橫剖一半的保麗龍球、黏土揉成的圓餅及圓形卡片（請參見圖 7-2-1）。在第二個測試情境中，研究者先拿出一個代表地球的大塑膠球及一個卡通 Mickey 人偶詢問幼兒「人（Mickey）住在地球哪裡？」（參見圖 7-2-2），並請其說明為什麼住在那裡；最後則以五張繪有人站在地球上的圖卡，請幼兒選擇一張最像他所居住的地球的樣子，以交叉驗證前半段測試情境中幼兒對於地球的形狀與人住在地球那裡的口語回答。這五張圖卡仿自 Nussbaum（1985），分別是人站在蜿蜒道路的圓弧上、人站在一個地平面上但天空高掛另一個星球、人站在海洋中之圓餅狀陸地上、人站在下半球剖面中心點上，以及人站在地球球體地表上（請參見圖 7-2-3）。

一、幼兒對地球之認知概況

㈠地球的形狀

　　無論在口語回答情境，或是實物選擇情境中，所有受訪幼兒均知道地球是圓球狀，而且選擇保麗龍球。例如：長 12 幼兒說：「因為地球是圓圓的，它（保麗龍球）也是圓圓的，它很像地球，所以它……

圖 7-2-1　地球形狀實物判別圖

圖 7-2-2　人住地球哪裡訪談情境示意圖

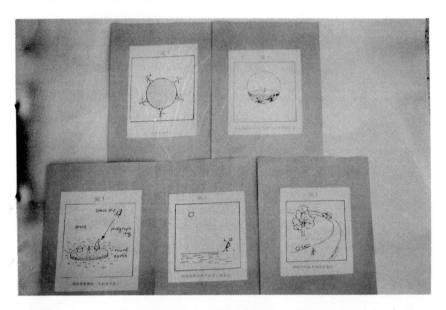

圖 7-2-3　人住地球哪裡圖卡指認示意圖（仿自 Nussbaum, 1985）

也是地球。」；豚 2 幼兒說：「因為地球是圓形的立體，不是一半或扁扁的。」；角 8 幼兒說：「因為我看過地球儀，它的形狀就是像圓形。」因此所有受訪幼兒均具地球是圓球體的概念。但若以測試情境二「人類居住於地球何處」之五張圖卡請幼兒選擇哪一張最像他所居住的地球的樣子，只有 35% 幼兒選擇人居住在圓球體的地球上，另有 35% 幼兒選擇人居住在圓球體的剖面平坦處，其餘近三成幼兒認為人不住在圓球體的地球上（參見表 7-2-2）。可見幼兒對地球形狀的概念不是很穩固，他每日所居住的地面是平坦的，但又被告知地球是圓球體，為解決認知上的衝突，發展出「地球之圓有如道路蜿蜒『圓』弧狀，是圓的」；「地球之圓有如被海洋圍繞的『圓餅』狀陸地，是圓的」；「地球是圓的，人住在下半圓球剖面上」等另類思維。

㈡人類居住於地球何處

　　當訪談者以一顆代表地球的大塑膠球與 Mickey 小玩偶請幼兒指認

人居住在地球的哪裡時，有半數以上的幼兒（53.33%）認為人居住在地球表面，四成多的幼兒（41.67%）認為人住在地球裡面，有5%的幼兒認為地表與地球裡皆可住人。進而分析五成以上指認人居住在地表的幼兒的回答，發現其解釋分為三類：(1)以適宜居住與否解釋，占總數23.33%，如：地球裡面是岩漿、地球裡面沒有空氣等，因此不適合居住；(2)以提供地表上居住事實來解釋，占總數 6.67%，如地表上有許多國家或陸地；(3)未提出任何解釋，占總數23.33%。

在四成以上認為人居住在地球裡面的幼兒答案中，其解釋多圍繞在適宜居住與否的觀點（26.67%），例如：住在地表會滑下去、住地球裡面被保護較安全、住地表有外星人抓等，因此，適合或不適合居住。另有占總數13.33%的幼兒未提出任何解釋，提出其他解釋的僅為一人（1.67%）。此外，有占總數5%幼兒認為地表、地球裡面均可住人（參見表7-2-1）。

表 7-2-1　幼兒指認人類居住在地球哪裡之統計表

居住地點／統計項目	地球表面			地球裡面			地表與地裡	統計
次數	32			25			3	60
百分比（%）	53.33			41.67			5	100
說明　理由	以宜居情況解釋	以提供居住事實解釋	未提供解釋	以宜居情況解釋	其他解釋	未提解釋	有些人住裡面／有些人住表面	
次數	14	4	14	16	1	8	3	60
組內%	43.75	12.50	43.75	64	4	32		
總%	23.33	6.67	23.33	26.67	1.67	13.33	5.00	100

　　當以五張圖卡請幼兒選擇最像他所居住的地球時，只有35%幼兒選擇人居於圓球體表面，其餘選擇人居於球體內部剖面平坦處、圓餅狀陸地上、圓弧道路上等（參見表7-2-2）。可見幼兒對於人類居住在地球表面的概念不是很穩固，不像在前半段的大塑膠球與Mickey玩偶測試中表現來得好，有半數以上幼兒指出人住在地球表面上。

　　在53.33%認為人居住在地球表面的幼兒中，有占總數23.33%的幼兒以適宜居住與否加以解釋，如：地球上有空氣適合居住、地球裡面有岩漿不適合居住等。其實例如下：

豚3：如果住裡面的話（笑出來），好好笑，就不能住了。

訪者：裡面不能住，為什麼？

豚3：因裡面有那個……，不是，不是，地球只有一個空殼，裡面還有什麼？

訪者：裡面還有什麼？

豚3：喔……（看著上方）。

訪者：地球裡面能不能住人？

豚3：（搖頭）

訪者：為什麼裡面不能住？

豚3：因為裡面沒有空氣啦。而且，也沒有空間。因為裡面全部被那個東西蓋住了。

訪者：那為什麼人都住在地球表面？

豚3：因為有空氣，然後裡面沒有空氣。

訪者：那為什麼我們人都住在地球上面？不能住在裡面？

豆6：因為裡面是泥土，這樣會悶氣就不能呼吸（左手在鼻子前作呼吸狀）。

訪者：喔，因為裡面都是泥土，所以人要住在外面才能呼吸到空

氣是不是？

豆6：嗯，上面有一層空氣（在大球邊緣畫出弧形）。

訪者：爲什麼人都住在你說的這個表面上面（摸大皮球表面）？

長13：因爲他們不能住在裡面，不然會被岩漿燒死。

訪者：喔，人不能住在地球裡面，不然會被岩漿燒死？

長13：對。

訪者：還有沒有？

長13：還有他會熱死。

訪者：那你可不可以告訴我，爲什麼人都住在表面？

豚2：因爲裡面是一大堆岩漿，如果外面的人到裡面去住，那不就燙死了。

訪者：會燙死了對不對，那爲什麼人都住在表面？

豚2：因爲表面沒有岩漿。

訪者：那你可不可以告訴老師，爲什麼我們人都住在這個表面啊（摸大球表面）？

豚12：因爲住在裡面不是都暗漆漆的？

訪者：喔，在裡面都暗暗的，是不是？

豚12：每天都是晚上，根本就沒有早上。

訪者：喔，原來是這樣子，那爲什麼我們可以住在地球表面？

豚12：因爲外太空會有分早上和晚上。

在訪談過程中，有小部分幼兒（約六分之一），不僅知道人住在地表上，而且地表各處如南北極均可住人。當研究者問其爲何米奇玩偶站在南極處不會掉落外太空，有三位幼兒以「地心引力」回答，其

例如下：

> 訪者：所有地方都有住人是嗎？那下面有沒有住人（指大球底部
> 　　　的表面）？
>
> 兔13：有。
>
> 訪者：那這裡呢（摸大球表面的一處）？
>
> 兔13：有。
>
> 訪者：如果 Mickey 去旅行，它住在這裡（摸大球底部），它要怎
> 　　　麼站？
>
> 兔13：（將 Mickey 倒立銜接在大球底部的表面）
>
> 訪者：這樣子站？那它會不會跌倒啊？
>
> 兔13：不會。
>
> 訪者：爲什麼？
>
> 兔13：因爲有「地心引力」。

　　有 35% 幼兒在指認哪一張最像他們所居住的地球樣子時，選擇圖五——人在地球圓球體表面上，當研究者詢問其爲何我們看到的地面都是平坦的？少數幼兒並能提出合理說明。如豚 13 幼兒所言：「因爲這個地球很大啊，比我們人還要大……所以我們可以到一個很大的空間（雙手畫出一個大圓），所以我們走的時候就是一直平平，一直平平（雙手懸空畫出一條水平線）。」

二、幼兒對地球之另類思維

㈠地球的形狀

　　本研究以五張繪有人站在地球上的圖卡（參見圖 7-2-3）讓幼兒指

認哪一張最像他們所居住的地球的樣子。結果選擇人居住在下半地球剖面平坦處與人居住在地球球體表面上的人數，各占 35%。選擇人居於地球剖面者，可以說是認知衝突下的折衝，幼兒仍持有地球是圓球體的觀點，但每日所踏為平坦地面，於是產生人住下半球剖面平坦處之替代想法。但是有 10%之幼兒選擇人在海洋中之圓餅狀陸地上，即地球是圓的，不過扁平如「圓餅」；有 10%之幼兒選擇人在蜿蜒的道路上，即地球之圓像是蜿蜒彎轉道路的「圓弧」狀；另有 6.67%之幼兒認為圓的地球是天空高掛的一個星球，人其實居住在另一個地平面上（參見表 7-2-2）。

若將此圖卡選擇測試與地球形狀測試（口語說明與實物選擇時，全體幼兒均認為地球是圓球體）結果對照，則可看出不少幼兒對於地球是圓球體仍有疑惑，不認為地球是圓球體的幼兒至少達二、三成之多。例如選擇圖一「人住蜿蜒彎轉的圓弧狀道路上」的角 7 幼兒說：「因為地球是圓圓的轉彎」；再如選擇圖三「人住海洋中之圓餅狀陸地」之角 8 幼兒說：「這上面有馬路而且也有石頭，也有人，也有車子，還有樹，所以我覺得比較像我站在上面。」

表 7-2-2　幼兒指認最像其居住的地球樣子的圖卡之統計表

統計項目＼圖卡	圖一 人住在蜿蜒彎轉的圓弧狀道路上	圖二 天空高掛一個星球，人住另一個地平面上	圖三 人住海洋中之圓餅狀陸地上	圖四 人住下半球剖面平坦處	圖五 人住圓球體地表上	以上皆非	總計
次數	6	4	6	21	21	2	60
百分比(%)	10	6.67	10	35	35	3.33	100

(二)人類居住於地球何處

在「人居住在地球何處？」的前半段測試情境中（以大塑膠球及

Mickey 玩偶測試），有五成多的幼兒認為人住在地球表面（參見表7-2-1），將此結果與後半段的多種圖卡選擇測試情境之結果（參見表7-2-2）對照，顯然認為住在地球表面的幼兒人數，並未達半數之多。幼兒可能常聽說人住在地球表面上或常觀看地球儀，但對於人如何能站立於地表四周（如南極）而不跌落，仍存有疑惑，而且每天所居住的地面是平坦的。在認知衝突下，因此產生了人住在扁平「圓餅」狀地球上，人住在有如道路蜿蜒彎轉的「圓弧」狀地球上，人住在下半球剖面平坦處的圓球體內，以及天空高掛另一個「圓」的星球（而人住在另一個地平面上）之另類替代性觀點。又在「人居住在地球何處」的前半段測試情境中（大塑膠球及 Mickey 玩偶測試）有四成多幼兒認為人住在地球裡面，後半段圖卡選擇測試情境亦有三成五幼兒認為人居住在地球裡面——下半球剖面平坦處，可見幼兒認為人住在地球裡的比例可能高於三成五以上之多。幼兒每日所接觸的地面是平坦非圓的，因此，對幼兒而言，人居住在圓球體剖面的平坦處的另類想法是有一些道理的。茲舉實例如下：

訪者：你選第四張，人是住在地球裡面？

長8：（點頭）

訪者：為什麼？

長8：因為地球外面是圓形的，地球裡面（意指剖面）是平平的。

訪者：平平的，那人住在哪裡？

長8：當然是裡面。（眼睛看著圖四）

訪者：為你什麼選第四張圖？

豚4：因為這個地球圓圓的（指圖四）。

訪者：還有沒有？

豚4：沒有了（看著訪者）。

訪者：這一張也圓圓的啊（指圖五）？爲什麼選第四張不選第五
　　　張？

豚4：因爲第五張人是站在外面。

訪者：第四張呢？

豚4：第四張人是站在裡面。

　　　⋮

訪者：你選第四張是因爲地球圓圓的是不是？

豚4：對。

訪者：還有呢？人怎麼了？

豚4：人要住在裡面。

訪者：人住在裡面是不是？還有沒有啊？

豚4：（無語）。

在大塑膠球及Mickey玩偶「人住地球何處？」測試中，除13.33%
幼兒未提任何解釋及1.67%幼兒提出其他解釋，大部分幼兒（26.67%）
均以適宜居住與否來解釋人是居住在地球裡面。其中多數幼兒是以地
球外面（地表）不宜居住來說明人是居住在地球裡面，如：地表有風、
眼睛會入沙，住地表因地球一直轉會頭暈，住地表會掉滑落外太空，
住地表有東西飛撞過來會爆炸等天真想法。另有少數幼兒則是以地球
裡面適宜居住來解釋人住在地球裡面，茲舉例說明如下：

訪者：爲什麼大家都住在地球裡面，不住在表面啊？

兔7：因爲有風的關係。

訪者：因爲有風是不是？爲什麼？我聽不太懂，你要告訴我更清
　　　楚一點。

兔7：因爲如果在外面，那個風會⋯⋯，沙子會飛到眼睛。

訪者：外面不能住人是不是？

豆 3：如果住在外面的話，地球一直轉，他就一直頭暈啊。

訪者：會頭暈所以不能住在地球外面，對不對？

豆 3：（點頭）

訪者：為什麼人都住地球裡面啊？

長 4：因為……才不會跑到外太空去，掉下去。

訪者：喔，如果不住在裡面，住在這邊會怎麼樣（摸大球表面）？

長 4：從這個滑下去（手從大球表面滑下）。

訪者：你想想看，你覺得為什麼人都住在地球裡面？沒有住在外面？

兔 2：因為外面如果有東西飛過來的話（右手作出東西飛到大球上的樣子），就會爆炸。

訪者：如果我們住在上面的話，就會被炸掉是不是？

兔 2：然後，我們蓋的房子就會爆炸。

兔11：全部的人都住在地球裡面。

訪者：所有的人都住在地球裡面是不是？

兔11：（點頭）

訪者：可是我又想知道，為什麼我們人都住在地球裡面啊？

兔11：因為地球的外面會保護我們（摸大球表面）。

訪者：喔，因為地球的外面會保護我們？

兔11：（點頭）

訪者：那我們住在裡面就比較安全是不是？

兔11：（點頭）

訪者：好，因爲外面會保護我們。那我們可不可以住在外面？

兔11：不可以（搖頭）。

訪者：爲什麼不可以？

兔11：因爲……，因爲下雨會淋到。

訪者：喔，因爲住在地球表面，下雨會淋到？

兔11：（點頭）

訪者：那住在地球裡面是不是？

兔11：（點頭）

訪者：爲什麼？

兔11：因爲住在裡面，又不會……，又不會下雨，就可以出去，可以進出。

另外，有幼兒認爲地球是宇宙的一部分，住在地球外表就等於住在宇宙了，所以人住在地球裡面。

訪者：那你爲什麼覺得人住在裡面？

長1：因爲地球圓圓的，人如果住在外面（指大球表面）就住在宇宙了。

訪者：喔，你說地球圓圓的，然後呢？

長1：然後如果人住在外面，就會在宇宙，所以人住在裡面。

第三節　幼兒地球概念之結論

本章採臨床訪談法，以探討五歲幼兒的地球概念，茲將本研究結果與實徵研究文獻對照，歸納如下：

無論是在口語回答情境，或是實物選擇情境中，全部幼兒均知地

球是圓球體;但在最像人類居住地球的圖卡選擇時,至少有二成以上幼兒不認為地球是圓球體。在以實物模型(大塑膠球)說明人住在哪裡時,約半數以上幼兒認為人住在地球表面上,四成以上幼兒認為人住在地球裡面;然而在最像人類居住地球的圖卡選擇情境中,約有35%幼兒選擇人住在圓球體上,以及35%幼兒認為人居住在地球裡面──橫剖為二的下半球剖面上。以上數字說明認為人居住在地表上的幼兒可能未達半數,至少有三、四成幼兒認為人住在地球裡面。綜上所述,可見不少幼兒對於地球形狀與人類居住在地球表面的概念並非很清晰穩固,幼兒通常以「人居住在下半球球體剖面平坦處」、「人住在圓餅狀地球上」、「另有一個星球存在,而人住在平坦地面上」、「地球之圓有如道路之圓弧」等另類觀點來合理化他的認知衝突。

本研究發現與Nussbaum的地球觀架構及Sneider與Pulos等人的研究發現頗為契合,十歲以前的兒童多屬於觀念一的「平坦地球」,或觀念二的「圓球地球但人在剖面平坦處」,或觀念三的「無地心引力地球觀」階段。我國姜滿(民86)的研究發現國小六年級生仍有相當比例認為人住在地球裡面,以及一小部分認為另有一個星球存在,何況是五歲幼兒呢。

參考文獻

中文部分

姜滿（民 86）。國小學童地球運動之想法與概念改變歷程。台南師院學報，第 30 期，217-243。

英文部分

Mali, G. R. and Howe, A. (1979). Development of earth and gravity concepts among Nepali children. *Science Education,83*(3), 685-691.

Nussbaum, J. and Novak, J. D. (1976). An assessment of children's concepts of the Earth utilizing structured interviews. *Science Education, 60*(4), 535-550.

Nussbaum, J. (1979). Children's conception of the earth as a cosmic body: a cross-age study. *Science Education, 68*(1), 83-93.

Nussbaum, J. and Sharoni-Dagan, N (1983). Changes in second grade children's conceptions about the earth as a cosmic body resulting from a short of audio-tutorial lessons. *Science Education, 87*(1), 99-114.

Nussbaum, J. (1985). The earth as a cosmic body. In. R. Driver, E. Guesne, & A. Tiberghien (eds.), *Children's ideas in science.* Buckingham: Open University Press.

Sneiders, C. & Pulos, S. (1983). Children's cosmographies: understanding the earth's shape and gravity. *Science Education, 67*(2), 205-221.

Sharp, J. G. (1999). Young children's ideas about earth in space. *International Journal of Early Years Education, 7*(2), 159-173.

Vosniadou, S. & Brewer, W. F. (1992). Mental models of the earth: a study of conceptual change in childhood. *Cognitive Psychology, 24,* 535-582.

第八章

結論與建議

　　本研究採臨床晤談法，旨在探討六十位五歲幼兒的科學概念發展概況，包括：生物、動物、植物、蒸發、溶解、光、影、熱、空氣、電路、齒輪、地球等概念。因此第一節分別就幼兒之各種概念發展概況，分生物、物理與地球科學三方面綜合結論之。第二節則針對整體研究結果，進而分析幼兒科學概念與思維的特性，以及幼兒另類思考的源起與產生原因。至於最後一節乃依據前二節發現，分別由研究、教學與師資培訓觀點提出整體性的建議。

第一節　幼兒科學概念發展之概況

一、幼兒對生物世界之認知

㈠幼兒對動物之耳聞率最高，生物最低。

㈡幼兒心目中的動物以哺乳類動物為典型代表，如：虎、獅、鹿；植物以蔬菜、草、樹為典型代表；生物以住在海裡之生物及動物為典

型代表。

(三)在指認圖片方面，以動物、植物的表現優於生物——「生物」指認正確率最高的是各種動物；「動物」指認正確率最高的是狗、蛇，最低的是小孩；「植物」指認正確率最高的是稻子、高麗菜等，最低的是種子。

(四)幼兒指認生物之判斷標準以「動」為大宗、其次為死亡、成長、有用途；指認動物之判斷標準亦以「動」為最大宗，其次為器官組織、居住；指認植物之判斷標準為器官外型、營養與種植狀況、固定不動，三者不相上下。整體而言，幼兒多用一項以上的標準來判斷類別，判斷標準經常更動。

(五)幼兒對生物、動物和植物具另類想法，諸如：植物不是生物，小孩不是動物，種子不是植物，汽車、球、火、雲是生物。

(六)整體而言，幼兒的泛靈觀似乎沒有 Piaget 所指的那麼普遍。

二、幼兒對物理現象之認知

大體上而言，幼兒頗受感官知覺與生活經驗影響，對於各種物理現象的認知多有一些似是而非的天真理論（Naive Theory），以下就各種概念分述之。

(一)光與影

1. 無論是解釋「光是什麼？」或是回答「房間裡哪裡有光時？」，大部分幼兒均將光視為發光物（如：燈、太陽等靜態光源或發亮物體）或光（照射）所產生的效果（如亮亮的）。「光是在空間中移動的實體」概念尚未形成。

2. 二成以上的幼兒可以意識影子形成的情境要素——光源、阻礙物。

3. 三成幼兒能理解物體擋住了光，以「物阻光成影」合理解釋影子的

形成。

4. 半數以上幼兒對影子具另類思維，其另類想法依比例為：光對物作用成影，對光繞、穿物體的謬思，反射成影。其中「光對物作用成影」約達四成之多。

㈡空氣

1. 絕大部分幼兒認識空氣的一般性質，但若要其口語說明什麼是空氣，多以生活中所經驗或感覺到的「空氣的特徵」（如：看不見、抓不住、無形狀等）、「空氣的功能」（如：呼吸、吹漲氣球等）、「空氣即風」等來解釋或舉例說明（如風扇吹出來的）什麼是空氣。其中以空氣的特徵來說明空氣者，約占三成多。

2. 許多幼兒並不認為空氣是無所不在的，有八成五幼兒認為鼻子裡有空氣，是指認率最高的；只有約三成多的幼兒指認耳朵裡、紙盒裡、吸管中有空氣，是指認率較低的。

3. 耳朵的指認率是最低的，因為幼兒認為它不是呼吸器官，所以沒有空氣在裡面。

㈢熱

1. 大部分幼兒解釋熱是什麼多指涉「熱的情境」（如：晒太陽時、跑步時等）、「熱的物質」（如：熱水、水蒸氣、熱菜等）、「熱的感覺」（如：燙燙的、熱熱的等）與「熱的源頭」（如：太陽、火、燈等）。其中「熱的情境」約達三成之多。簡言之，「熱」（heat）對幼兒而言是「熱的」（hot），尚未形成「熱是能源轉換過程」的抽象概念。

2. 有一成幼兒不受物體量（體積）影響，認為不同量的水溫是相同的，而且能提出合理的解釋，絕大多數幼兒認為溫度與物質的量（體積）有直接關係，量（體積）愈大，溫度愈高，

㈣溶解

1. 大部分幼兒都會使用「溶化」字眼，極少數幼兒使用「溶解」字眼。

2. 能對物質持恆，了解溶解後糖仍存在於水中的幼兒約為六成以上；而能對物質持恆，且能對糖的去向提出合理解釋（如：變小塊、溶化於水）的幼兒約為五成以上。

3. 其餘幼兒對溶解持有另類觀點，如：以冰融化現象解釋糖在水裡，另類解釋糖不在水裡（如：跑到空氣中、消失不見等），另類解釋糖變成水（如：冰融化變成水、變小後自然變成水等）。

㈤蒸發

1. 絕大多數幼兒能對物質持恆，了解水仍繼續存在。

2. 對物質持恆且對水的去向能提出較為正確解釋的幼兒，在「陽光曝晒下蒸發」情境，約為一成多，在「沸點狀況下蒸發」情境不到一成。

3. 其餘幼兒對蒸發持有天真另類解釋，諸如：水跑到太陽裡、水跑到地面上、水跑到酒精燈中，水跑入火裡等。

㈥電路

1. 通常幼兒看到電線、電池，或二者相連就認為有電，會讓燈泡發亮，相當多幼兒屬於「單極模式」的電路觀。

2. 約二成以下的幼兒正確預測有二條電線的迴路裝置會發亮，並說明要有二條電線才能讓電燈泡發亮，但尚未具有電線、電池、燈泡必須形成「迴路」的概念。

3. 幾乎是所有幼兒對電流流動的方式未具有正確概念，有約近七成幼兒持電流是由電池兩端同時流衝至電燈泡，讓燈泡發亮的「流衝模式」另類觀點；其主要的另類想法是同時流衝電力多、速度快。有

二成幼兒則認為電流是由電池兩極出發，但一條先、一條後的「先後輪流模式」天真想法。

4.整體而言，幼兒對於電路尚未形成正確的科學「迴路」概念。

㈦齒輪

1. 有一些幼兒初步理解齒輪的轉動：有三成五的幼兒正確預測並能說明兩個齒輪要緊鄰並置才能轉動；有一成五的幼兒正確預測並能說明相咬合的二個齒輪的轉動方向是相反的；有少數一、二個幼兒能正確預測並以譬喻方式說明在二個咬合齒輪組中，小齒輪比大齒輪轉動得快。

2. 關於「齒輪運轉方向」，有半數幼兒具有「相連並轉」、「同向轉動」等的迷思概念。在「齒輪運轉速度」方面，絕大多數幼兒具有迷思概念，包括：大齒輪就是轉得快，小齒輪因為輕所以轉得快，以及大小齒輪同轉同快的另類觀點，其中「大齒輪就是轉得快」的迷思觀點約近四成。

三、幼兒對地球科學之認知

㈠無論是在口語回答或實物選擇情境中，全部幼兒均知道地球是圓球體；但於圖卡選擇情境中，仍有至少二成多幼兒不認為人住在圓球體的地球上。

㈡在以實物模型（大塑膠球）說明人住在哪裡時，約五成以上幼兒認為人住在地球表面上，四成以上幼兒認為人住在地球裡面；但在圖卡選擇測試情境中，有三成五幼兒選擇人居住在圓球體地表上，以及三成五幼兒認為人居住在地球裡面——橫剖為二的下半球剖面平坦處。因此，認為人居住在地表上的幼兒可能未達半數，至少仍有三、四成幼兒認為人住在地球裡面。

㈢整體而言，不少幼兒對於地球概念非很清晰、穩固，幼兒通常以「人居住在下半球球體剖面上」，「人住在圓餅狀地球上」，「另有一個星球存在，人居住於平坦地面上」，「地球之圓有如道路之圓弧」等另類觀點來合理化他的認知衝突。

第二節　幼兒科學概念與思維之特性

一、幼兒另類觀點之源起

本研究發現幼兒的另類觀點具有幼兒天真質樸的特質，無怪乎有人將幼兒的另類想法稱之為「天真理論」。吾人分析幼兒的另類觀點大體上源自於四大方面，或者是此四方面之共同交織作用而成。

㈠受成人世界用語之誤導

本研究顯示，成人世界的用語會導致幼兒產生迷思觀點。例如：幼兒曾聽大人提及「植物人」，因此誤以為人是植物；成人曾說人是「人類」，因此幼兒認為人屬人類，不是動物；此外，人不住「動物園」，因此人不是動物。再如：成人言蟑螂是「昆蟲」，因此幼兒不認為牠是動物；鳥是「鳥類」，因此幼兒也不認為鳥是動物。又如：現實生活中成人常說糖「溶化了」，因溶化與融化同音，導致幼兒將溶化與冰「融化」現象混淆；大人常說衣服被太陽晒乾了，導致幼兒誤認為太陽把衣服的水吸乾了，而產生「水跑到太陽裡」的另類想法。以上種種說明幼兒迷思概念有一大部分是源自於成人世界用語的誤導。

㈡受生活直觀經驗之影響

本研究亦發現，幼兒深受日常生活經驗所影響，從生活經驗中建構各種概念。例如：以所觀察到的空氣的功能——可以吹氣球、呼吸等來解釋對「空氣」的認知；以所感受到的熱的情境、熱的物質等來界定「熱」是什麼；以所經驗會發亮的物品與明亮的效果來說明「光」是什麼。再如量多力強的現象，因而較多的水，當然溫度較熱；電流同時流衝，當然電力較強；大齒輪當然比小齒輪轉得快等均是。幼兒日日處於以上這些直觀經驗中，因此，這些經驗影響幼兒甚鉅，為幼兒建構各項知識的基礎。

㈢受有限專注力之箝制——專注表面現象或凸顯特徵

幼兒於生活中觀察與體驗諸多現象與事物，這些外在現象或事物之凸顯特徵緊緊抓住幼兒的注意力；換言之，幼兒的專注力有限，其知覺與觀察往往聚焦於表象與事物之明顯外在，忽略了現象與事物的整體性與全面性。舉例而言，陽光底下玩影子遊戲，幼兒僅注意有大太陽就會有影子出現，太陽若被雲遮住就沒有影子，及在教室內只要拿出投影機就可玩手影戲，因此引發幼兒「光對物作用成影」的天真觀點，認為只要有光源就會有影子出現，忽略了影子的形成還必須要有「物體擋住光的行進」的要件。再如：晒在陽光下的溼衣服確實會先流滴水漬於地面，因此幼兒會說水跑到地面上，未曾考量水不再流滴後，仍為溼漉的衣服中的水的去向。又如：糖溶解於水中後，看不見立體方糖的外形，在外觀上確實與冰融化成水，看不見立體冰塊的現象類同，無怪乎幼兒會混淆溶解與融化，或認為糖變小變成水。尚如許多幼兒認為種子不是植物，因為種子在外觀上確實不符合植物的外表特徵——有根、莖、葉器官；汽車、球、火、雲是有生命的，因為這些東西會動、有「活動」，與人、動物類同。以上事實均充分說

明表象與外觀緊抓幼兒的注意力，幼兒無法同時兼顧不同面向與角度，這種被外觀、表象所吸引，忽略全面與深度觀察的現象，導致幼兒產生許多另類觀點與天真想法。

㈣受有限思考力之框限——瑕疵推理與合理化認知衝突

幼兒在觀察與體驗後，也會推理、思考，不過其推理思考受限於資訊不足與本身脆弱的能力，在認知衝突下導致瑕疵推理與迷思觀點。最明顯的是大人告訴他們地球是「圓」的，可是現實生活中的地面卻是平坦的，看不出「圓」的形狀，為解決認知上的衝突，幼兒「推理」想出：地球上道路蜿蜒的「圓弧」可能就是大人所說的「地球是圓的」；或地球有如被海洋包圍的「圓餅」狀陸地；或地球是圓球體，但人住在下半球剖面平坦處等另類觀點，以「合理化」他與成人間的認知差距。瑕疵推理再如幼兒認為有電線、電池相連，燈泡就可發亮，當被告知燈泡發亮需二條電線連接燈泡、電池成圓圈迴路狀，他試著「意義化」（making sense）他的理解，於是發展出電流由電池二極同時流衝至燈泡的「相衝模式」，因為這樣「電力才會多、快」。又大部分幼兒皆知鼻子裡有空氣，因為他們知道鼻子是呼吸器官，有空氣進出，但是多數幼兒認為耳朵裡就沒有空氣了，因為他們推論「耳朵不是呼吸器官」、「耳朵裡有耳屎」，所以沒有空氣。

幼兒之瑕疵推理俯拾皆是，諸如：動物是四隻腳，人是兩隻腳，所以「人不是動物」；「地球會一直轉動，住在地表會頭暈，所以人不住地表」；「方糖溶化後，水看起來沒有變多，所以好像變成空氣跑出去，看不到了。」；「水倒掉了，當然溫度也被倒掉了。」有瑕疵的推理並不代表幼兒不會思考，相反地，幼兒會積極運用思考於各種情境中，並努力弭平認知上的差距。但由於能力、知識與資訊皆為有限，導致錯誤推論與另類思考。

二、幼兒科學概念與思考之特性

在本研究中有些幼兒的表現確實非凡,而多數幼兒的表現是屬於五歲孩子應有的水平。幼兒雖然持有另類觀點,與正式科學概念有所差距,但並不代表他們不會思考;相反地,幼兒會積極地推理思考,並設法消除認知衝突的不安。但是由於專注力有限,無法兼顧全面,再加上成人用語、生活直觀經驗的影響,以及受限於自身的知識、能力,導致瑕疵推理與「合理化」認知衝突的現象,遂產生許多天真另類想法。整體而言,幼兒的科學概念與思考具有下列特色:

㈠天真直覺性

幼兒的思考聚焦於外表可觀察的現象與物體的外觀,未能全面注意所有現象面與深度觀察物體的各種面向,其例已如上述,因此其概念與思考具有非常直覺、天真、質樸不修飾的特性。舉例而言,成人告知地球會轉動,幼兒的直覺思考是「若地球一直轉動,那麼人就不適宜住在地球表面,因為轉動會造成頭暈。」大人告知地球是圓的,幼兒的直覺想法是「地球的剖面比較像我每日所踏之平坦地面,因此我住圓球體地球的剖面處。」再如,「動物園是給動物住的,人不住動物園,因此,人不是動物。」又如,「水倒掉了,當然溫度也被倒掉了。」以上這些另類思考都是非常天真有趣的想法。

㈡脆弱不穩性

幼兒的思考受限於外在表象知覺、有限訊息及自身能力的限制,導致瑕疵推理,因此,其概念本身是脆弱、不穩定的,缺乏一致性。當在訪談測試時,若施以不同測試方法,或時間的差距、情境的變化都可能改變其判斷,或者是出現前後不一致答案的現象。例如在判斷

生物、動物、植物時，幼兒持續更動判斷標準，訪者每詢問一種生物時，受訪者則以不同於前的判斷屬性回答說明，彷彿每種生物有其不同的判斷標準，沒有一套固定的屬性特徵來判斷生物、動物或植物。再如以口語與實物選擇時，全體幼兒均認為地球是圓球體，但當以圖卡讓幼兒選擇最像他所居住地球的形狀時，有二成以上幼兒則不再認為地球是圓球體。又在整個訪談過程中，研究者都必須經歷確認再確認程序，以探究幼兒真正的想法，因為在過程中幼兒經常更動答案，或遲疑支吾，或矛盾不自知。以上總總顯示幼兒的概念尚未完全發展、成熟穩固，也未形成系統，以致無法流暢作答，由於許多概念可能還正在形成之中，因此流露脆弱與不穩定的現象。正因為幼兒的概念與思考是脆弱不穩的，如何使其邁向成熟之路發展，成為教學上重要課題。

(三)建構思考性

綜合幼兒的另類觀點，足以證明幼兒絕非一個空白容器，被動地等著他人灌輸訊息；相反地，幼兒是一個主動建構知識的個體，在每日生活中試圖去理解周遭事物，並且合理化、意義化（making sense）他的認知衝突。只可惜由於訊息有限與被表象所吸引，再加上自身專注力與思考力之不足，於是產生許多另類有趣的觀點。簡言之，幼兒的迷思觀點是幼兒在生活經驗中建構與推理而來的，幼兒是一個建構知識的個體。對於一個建構知識的個體，在教學上則必須以促其建構知識的方法對待之。

(四)個別差異性

在各個概念的建構上，幼兒的表現是因人而異的，例如有些幼兒對於蒸發現象十分清楚，知道水蒸發為水蒸氣最後構成了雲；有些幼兒則持有另類的觀點，諸如：水跑到太陽裡、水跑入酒精燈裡。再如

有些幼兒知道有地心引力，住（站）在兩極的人不會跌落外太空；有些幼兒則認為人住在下半球剖面之平坦處，或人住在圓餅狀的地球上等。又如有些幼兒指出水的溫度不受量（體積）的影響；有些幼兒則認為大杯水之水溫高於小杯水之水溫。再以齒輪概念而言，相咬合的二個大小不同齒輪，有的幼兒認為大的轉得快，有的幼兒認為小的比較輕、轉得快，有的幼兒則認為二個齒輪同轉同快。又以影子概念而言，有三成幼兒可以以「物阻光成影」解釋影子的形成；近四成幼兒則認為「光對物作用成影」，認為只要有光對物體照射，就會有影子；有些幼兒則對光有謬思，形成另類影子概念。以上現象足以證明每位幼兒的概念發展與其「近側發展區」是不同的。

第三節　啟示與建議──研究、教學與師資培訓

綜觀本研究之研究歷程與在幼兒概念上的重要發現，本書提出了研究、教學與師資訓練三方面之具體建議如下：

一、幼兒科學研究部分

針對本研究之進行歷程與研究結果，本書提出研究上的二大建議如下。

(一)幼兒科學概念研究部分

在幼兒科學概念研究部分，作者認為當務之急為擴增幼兒科學概念與思維方面的相關研究。研究者在進行本研究時，嚴重地發現所有的科學概念研究大都鎖定在國小以上，幾乎找不到相關的幼兒科學概念研究可以相互對照與驗證，並據以提出教學上之具體建議，尤其是

國內的研究部分。我國幼稚園師資學程設有幼兒自然科學與數概念相關課程，職是之故，幼教界應儘速擴增此方面研究，累積更多基礎研究資料；並期望進而統整幼兒、小學、中學等階段之相關研究，對每一個概念的各階段發展，提出完整資料，以全面了解兒童概念發展的概況與趨勢，並提出教學對應策略。當然各階段、各領域研究者協同進行研究，是一個很值得鼓勵的方式，如幼兒教育學者與科學教育學者的合作性研究。

㈡幼兒科學教學研究部分

學界除了應針對幼兒科學概念發展部份累積更多的基礎研究資料外，並應在某些資料累積一定數量後，同步進行「概念改變」（conceptual change）方面的教學實驗研究，例如提供教學鷹架，引導兒童發展正式科學概念，或者是製造「認知衝突」情境，引發兒童自覺矛盾進而修正觀點。相關的教學實驗研究可能必須是跨階段性、跨年齡層的長期性縱貫式研究，以真正理解各個概念的發展與變化。因此各階段，各領域研究者的協同努力，或者是現場教師的行動研究及與專家進行協同行動研究等，均是值得嘉許的方向。唯有積極進行幼兒科學教學研究，方能將具體研究成果運用於教學現場，改善亟待強化的幼兒科學教育。

二、幼兒科學教學實務部分

針對幼兒另類觀點產生的原因與幼兒科學概念與思考的特性，本書提出教學實務上的三大建議如下。

㈠慎用教學用語及了解幼兒迷思概念

本研究發現，多數幼兒無論是對於生物、物理；或地球科學方面，

均有似是而非的另類觀點，這些另類思考多源自於生活經驗與知覺表象的觀察，甚至是成人教導而來。以溶解為例，許多幼兒均會使用「溶化」字眼，但卻對溶解現象未有正確概念，有些幼兒以「冰融化」現象來解釋溶解，可能是因為溶化與融化同音，教師使用「溶化」字眼於「溶解」情境，造成幼兒的混淆。因此在教學時教師應盡量使用「溶解」字眼，以免幼兒混淆溶解與融化。此外，對於各種用語如：昆蟲、鳥類、人類、動物等，教師在提及時，應予以適切解釋，讓幼兒知道上下層級隸屬關係，如：昆蟲、鳥類、人等包含於動物類別之下，不致讓幼兒形成有如「人是人類，不是動物。」、「蟑螂是昆蟲，不是動物。」、「鳥是鳥類，不是動物。」等的迷思觀點。值得注意的是坊間圖書對自然現象常以擬人化的故事情節描述，這也可能會形成迷思概念，如：天空伯伯難過地哭了，就下起雨來；雷公叔叔生氣地打起雷來等均是。這也說明幼兒教師應加強自然科學領域的專業成長，才能以正確的用語或知識與幼兒互動。當然更重要的是，教師必須了解幼兒持有的另類迷思觀點，才能對症下藥，提供適切鷹架。

（二）提供鷹架、引導幼兒觀察與推理

本研究發現幼兒的確具有建構知識與推理的能力，許多的迷思另類想法，其實是幼兒用心思考的傑作，因此，吾人以為在教學上首應尊重與看重幼兒的能力，尤其是在推理思考方面的能力。教師應以激發幼兒高層次思考為職志，設法引導幼兒脫離瑕疵推理，促其脆弱、不穩定的科學概念逐漸邁向成熟發展之境。從 Vygotsky 的「近側發展區論」（Zone of Proximal Development）觀點而言，教師應為幼兒搭構學習鷹架並促動幼兒同儕間之互動，使幼兒脆弱、不穩定的能力向上發展與提升。吾人建議教師在搭構學習鷹架時，應引導幼兒從不同面向、角度去深度觀察、統整考量，除卻表面知覺的影響；同時教師也應提供充分訊息，透過製造「認知衝突」情境，引起幼兒意識自己似

是而非的觀點並進而修正之。更重要的是，要以言談對話（尤其是提問技巧）促動幼兒運用「科學程序能力」（觀察、預測、推論、分析、歸納、比較、溝通……等）於科學探究中，以促進幼兒建構、發現科學知識。此外，在幼兒建構歷程中，教師要盡量提供互動或各種語文表徵機會，讓幼兒澄清或外顯自己的思緒。最後，教師所搭構的鷹架應是符合個別發展的，順應個別差異性，因為每位幼兒的「近側發展區」與自發概念是大不相同的，而且也要採「動態評量」觀，持續地評量幼兒的發展狀況，以作為了解近側發展區與搭構鷹架引導策略之依據。

㈢進行行動研究

在另一方面而言，教師在了解幼兒的另類思考後，進行教學行動研究，在「知」、「行」、「思」循環歷程中，改善自己的教學與幼兒的學習，或者是與學界共同進行協同行動研究，也是改善教學實務的有效方法。近年來，行動研究成為顯學，其主要目的在強調現場教師必須於教學生活中建構自己的教學知識，它是提升教師專業成長的利器。因此，以行動研究解答教學疑惑，是頗值鼓勵的方式，尤其是各班幼兒之迷思概念與近側發展區均不相同，如何施以適切的教學，引導幼兒發展概念就顯得非常重要，也因此更凸顯行動研究的必要性。

三、師資培訓部分

幼兒教師多懼（拒）教自然科學，因此，培訓種子教師，塑造正確的幼兒科學教育理念，再據以落地生根、發揚傳播是頗值推廣的模式，它可以解決專業人力不足之問題，亦可收廣為傳播之效。或者是有計畫與統整的大規模舉辦幼兒科學教育研習，使全國幼兒教師能塑造正確的科學教育理念，強化「建構教學」與「鷹架引導」的教學技

巧,並了解幼兒容易擁有的迷思另類想法。此外,其他相關進修方案,諸如:建立在職進修諮詢網站,提供及於廣大教師群的網路教學等均可相輔相成。吾人以為,唯有教師具有正確的教學理念,並了解幼兒的先備知識與思考特性,教學才能有所成效。幼兒科學教育應自小做起,因此本研究積極建議有關單位能重視幼兒教師的科學教育在職訓練問題。同樣重要的是,職前培育階段即應讓準教師們理解幼兒的概念與認知發展,並且為其示範建構教學與鷹架引導技巧。總之,無論是師資職前培育,或是在職進修方案,均須強化教師對幼兒的認知與正確的教學技巧,此乃刻不容緩之務。

國家圖書館出版品預行編目資料

幼兒自然科學概念與思維／周淑惠著.--初版.--
臺北市：心理, 2003（民 92）
面； 公分.--（幼兒教育系列；51065）

ISBN 978-957-702-576-0（平裝）

1.科學－教學法 2.學前教育－教學法

523.23 92002974

幼兒教育系列 51065

幼兒自然科學概念與思維

作 者：周淑惠
總 編 輯：林敬堯
發 行 人：洪有義
出 版 者：心理出版社股份有限公司
地 址：台北市大安區和平東路一段 180 號 7 樓
電 話：(02) 23671490
傳 真：(02) 23671457
郵撥帳號：19293172 心理出版社股份有限公司
網 址：http://www.psy.com.tw
電子信箱：psychoco@ms15.hinet.net
駐美代表：Lisa Wu （Tel: 973 546-5845）
印 刷 者：玖進印刷有限公司
初版一刷：2003 年 3 月
初版四刷：2010 年 9 月
ISBN：978-957-702-576-0
定 價：新台幣 250 元